税理士のための
法人⇄個人間の
借地権課税
はじめの一歩

Leasehold
tax
management
book

髙野総合グループ
TSK 税理士法人 髙野総合会計事務所

税理士　　　　税理士　　　　　税理士
高中恵美　川﨑めぐみ　井出尚哉　著

税務経理協会

はじめに

　本書は，各種の税務関連取引の中でも特に難解といわれている借地権に係る税務上の取扱いについて，各種の課題の整理と事例を解説することに努めています。特に，税務の専門家である税理士の実務の参考に資することを目的としていますが，土地建物の所有者である個人や法人の関係者にも容易に理解できるよう，簡易な説明を心掛けました。

　借地権に係る取引は，入口課税である設定時から，設定中，更新時，譲渡時，相続時，返還に至るまで様々な局面があり，それぞれの局面で異なる課税が生ずる点が借地権の理解を阻む要因の一つになっているものと思われます。

　加えて，貸主が法人か個人か，借主が法人か個人か，取引主体により課税関係が異なります。例えば，借地権の設定に当たり同額の権利金を受け取ったとしても，貸主が個人であれば何ら問題にならない一方で，貸主が法人の場合は認定課税が行われることがあるといった具合です。これは，法人と個人で課税の根拠となる法律が異なるために生ずる問題です。当事者が法人の場合は法人税が，個人の場合は所得税が，また，相続の場合は相続税が課税されます。これらの根拠となる法律が意図していることを読み解き，理解することが，借地権の課税関係を理解する鍵になるものと思われます。

　本書では，借地権に係る取引の中でも特に難関とされている，「個人⇄法人間」の取引に焦点を当てて解説を行いました。株式の過半数を社長が所有し「所有＝経営」となっている「オーナー経営者」とその経営者によって所有されている「同族会社」の関係をイメージすると分かりやすいと思います。

　第1章では，借地権取引を設定時，設定中，相続時，譲渡時，返還時に分け，それぞれの局面で生ずる課税関係を「貸主が個人・借主が法人の場合」と「貸主が法人・借主が個人の場合」に分けて解説しています。第1章を通読することで，

課税関係の全体像を把握できると思います。また，それぞれの局面別，立場別に課税関係を整理していますので，ピンポイントで必要な課税関係を確認することもできます。

　第2章・第3章では，設定から返還に至るまでの借地権取引を事例形式で解説しています。それぞれの事例毎に設定時，設定中，相続時の課税と計算方法を解説していますので，一つの事例で一連の課税関係を確認することができます。また，単なる課税や計算の説明に留まらず，認定課税を受けないための対策等，一歩踏み込んだ考察も行いました。

　なお，本書では，難解な借地権取引をできるだけ分かりやすく説明するため，弊事務所の長年にわたる多数の借地権に関連する事例経験を踏まえ，できるだけ平易な記述を用い，図式も多く取り入れるよう努めました。税理士をはじめ，借地権の実務に携わる方々の理解の一助になれば幸いです。

　最後に，本書の出版に当たり株式会社税務経理協会編集部の中村謙一氏と編集部の皆様に大変お世話になりました。心から感謝とお礼を申し上げます。

2021年3月
税理士法人　髙野総合会計事務所
　編著者代表
　　総括代表社員 公認会計士 髙野　角司
　執筆者
　　マネージャー税理士　　　高中　恵美
　　シニア税理士　　　　　　川﨑　めぐみ
　　シニア税理士　　　　　　井出　尚哉

CONTENTS

第2章 借地権の問題解決事例（貸主個人・借主法人）

第3章　借地権の問題解決事例（貸主法人・借主個人）

巻末資料

【凡　例】

本文中で使用している主な法令等の略語は，次の通りです。

略語表記	法令及び通達等
所法	所得税法
所令	所得税法施行令
所基通	所得税基本通達
法法	法人税法
法令	法人税法施行令
法基通	法人税基本通達
評基通	財産評価基本通達
措法	租税特別措置法

第 1 章

法人・個人間における
借地権課税の整理

1 借地権のあらまし

１ 借地権とは

　借地権は，借地借家法において「建物の所有を目的とする地上権又は土地の賃借権」と 定義されています。（借地借家法２）。

　「地上権」，「土地の賃借権」は，民法においてそれぞれ次のように定められていますが，現在，建物の所有を目的とする借地はほとんどが賃借権によるものです。よって，「借地権」とは，借主が，貸主の土地を使用収益することができる権利といえます。

地上権	他人の土地において工作物又は竹木を所有するため，その土地を利用する権利（民法265）
土地の賃借権	当事者の一方が土地の使用収益を相手方にさせることを約し，相手方がその賃料を支払うことを約することによって，その効力を生ずる。（民法601）

【土地の借地権】

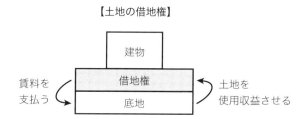

２ 借地権の種類

　土地の借地人の有する「借地権」は借地借家法により保護されています。借地借家法に定められている借地権は，次の５つの種類に分けられます。

種　類		存続期間	根拠法令
普通借地権		20 ～ 60 年	旧借地法 2
		30 年以上	借地借家法 3
定期借地権等	定期借地権	50 年以上	借地借家法 22
	事業用定期借地権等	10 年以上 50 年未満	借地借家法 23
	建物譲渡特約付借地権	30 年以上	借地借家法 24
一時使用目的の借地権			借地借家法 25

　5種類の借地権は，大正 10 年に制定された「旧借地法」の時代に設定された借地権，平成 4 年に施行された「借地借家法」に規定する普通借地権，定期借地権に区分されます。それぞれの借地権の区分毎に存続期間が定められ，借地人の権利が保護されています。本書では，これらの借地権のうち，一般的に取引数が多い「普通借地権」について解説を行います。

3　税目による借地権の定義の違い

　借地権取引は，貸主と借主の間で行われますが，これらの当事者が法人の場合は法人税が，個人の場合は所得税が，また相続や贈与の場合には相続税・贈与税が課税されます。各税目に定められている「借地権」の定義が異なるため，税目によって借地権の対象となる範囲に差異が生ずる点に注意が必要です。

【税目別の借地権の定義】

所得税法	建物若しくは構築物の所有を目的とする地上権若しくは賃借権（所令 79）
法人税法	地上権又は土地の賃借権（法令 137）
相続税法	建物の所有を目的とする地上権又は土地の賃借権（借地借家法の定義する借地権と同じ）

　上図の通り，「建物」の所有を目的とする借地権は，全ての税目において借地権と規定されています。一方，「構築物」の所有を目的とする賃借権は，所得税法や法人税法では借地権に含まれますが，相続税法では借地権に含まれません。

　また，法人税法では，借地権の定義に「建物又は構築物の所有を目的とする～」という文言がないため，借地権がカバーする範囲に駐車場や物品置場等の土地の

賃借権も含まれるものと解されます。このことは，権利金の認定課税等の対象にも影響し，法人税法では，建物や構築物の所有を目的としていない借地権が認定課税の対象に含まれることになります。

【税目別の借地権の範囲】

　借地権の課税関係を整理する際には，取引がどの税目に該当するかを確認し，該当する税目の借地権がカバーする範囲を正確に把握する必要があります。

４ 場面により異なる借地権課税

　借地権に係る課税は，借地権の入り口となる設定時から出口となる返還に至るまで，様々な場面で生じます。課税が生ずる場面は，設定時（契約時），設定中（地代のやり取りがある期間），相続時，譲渡時，返還時と多岐にわたります。本章では，これらの課税関係を場面ごとに解説します。

2　法人・個人間の借地権の種類

　借地権に係る税務上の取扱いは，地主・借地人がそれぞれ個人か法人かで異なります。加えて，借地権の設定形態も，権利金収受方式，相当の地代方式，無償返還の届出方式等様々です。借地権に係る課税関係を正しく理解するためには，貸主・借主がそれぞれ個人か法人か，また，いずれの設定形態に該当するのかを確認し，パターン別に整理することが重要となります。

　借地権の設定に当たり，考え得る取引関係者の組み合わせは以下の4通りになります。

パターン	(1)	(2)	(3)	(4)
地主（貸主）	個人	法人	個人	法人
借地人（借主）	法人	個人	個人	法人

　本書では，これらの4つの組み合わせの内，実務上，課税関係の整理が難解とされている普通借地権の「個人と法人」の組み合わせにフォーカスして解説を行います。

(1)　貸主個人・借主法人の組み合わせ

　社長が所有する土地の上に同族会社が建物を建てて使用している場合等が代表的なケースとして考えられます。

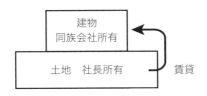

⑵ 貸主法人・借主個人の組み合わせ

　同族会社が所有する土地の上に社長が建物を建てて使用している場合等が代表的なケースとして考えられます。

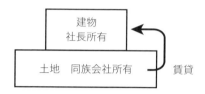

3 借地権の設定方式の整理 ──借地権の３つの設定方式

借地権に関する税務上の原則的な取扱いには，次の３つの設定方式があります。

> **1** 権利金収受方式
> **2** 相当の地代方式
> **3** 無償返還の届出方式

1 権利金収受方式

　貸主が所有する土地を借主に賃貸し，建物を建てさせた場合等には借地権が設定されたことになります。権利金を支払う慣行がある地域においては，通常，借地権の設定の対価として権利金の授受が行われます。

　借地権設定中は，貸主が有している底地に対する使用料として「通常の地代」の授受が行われます。

【権利金収受方式：権利金＋通常の地代】

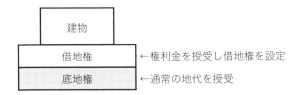

2 相当の地代方式

　第三者間における借地権の設定に際しては，**1**の通り，通常は権利金の授受が行われます。権利金を支払う慣行があるにもかかわらず権利金の授受を行わないときは，原則として，借主が貸主から無償で借地権の贈与を受けたとものして取

り扱われます。これを「権利金の認定課税」といいます。

　一方，権利金の収受に代えて「相当の地代」を収受しているときは，その土地の使用に係る取引は正常な取引条件でされたものとして，権利金の認定課税は行われません（法令137）。この場合の「相当の地代」の額は，土地の更地価額の概ね年6％程度の金額です。

　権利金の授受が行われ，借地権が設定された場合，借主は貸主に底地部分に対する地代を支払うことになります。一方，相当の地代方式の場合は，権利金の授受がされない代わりに，土地全体に対して地代を支払う必要があります。

　なお，相当の地代の改訂方法は，3年以内ごとに改訂を行う「改訂方式」と「据置方式」があります。

【相当の地代方式：権利金の支払いに代えて土地全体に対する使用料を払う】

❸　無償返還の届出方式

　権利金を支払う慣行がある地域においては，借地権の設定に際して権利金の授受が行われるのが通常です（❶権利金収受方式）。権利金の授受が行われない場合は，原則として「権利金の認定課税」が行われることになりますが，相当の地代を支払うことでこれを回避することができます（❷相当の地代方式）。

　しかし，貸主と借主が，利害関係が相反しない特殊関係者である場合には，権利金の授受を行わず，かつ，相当の地代に満たない地代で土地の賃借を行う場合も多いものと考えられます。権利金や相当の地代の授受を行わなければ，権利金の認定課税を行うとする税務執行の考え方は，社会通念や慣行に即していないと

の主張もあり，昭和55年，法人税基本通達13 – 1 – 7「権利金の認定見合わせ」が設定されました。これにより，当事者の一方に法人が含まれる場合，権利金の授受や相当の地代の支払いがなくても「土地の無償返還の届出」を行えば，権利金の認定課税は行わないとされました。

「土地の無償返還の届出」とは，借地権の設定等に係る契約書において，将来借地人がその土地を無償で返還することが定められている場合に，これを貸主，借主が連名で税務署長に届け出る手続です。この取扱いは，貸主借主双方が借地権を財産として認識しない場合には，借地権の価額相当の経済的利益に対し認定課税を行わないとする考え方に基づくものです。

4 借地権設定時及び設定中の課税関係

　借地権の設定とは，他人の土地を使用収益するための権利を設定することをいい，土地所有者と借主との双方の合意に基づく賃貸借契約によって設定されます。

　具体的には，建物を建てるために他人の土地を借りたときや，既存の建物を購入し土地だけを借りたときに設定されますが，設定の際，権利金の取引を行う慣行がある地域では，借主から貸主へ土地の使用収益権として「権利金」が支払われることが一般的です。

　権利金の慣行は，借主の権利の保護を主とした旧借地法により，半永久的に土地を貸し続ける可能性がある地主側の経済的不利益を補う手段として発生し，その後一般化したといわれています。

　借地権設定時の課税は，この権利金の支払いによって貸主から借主に借地権という財産権が移転する点に着目して行われます。契約当事者や権利金のやりとり等の事実関係によって課税関係が異なるため，契約書において事実関係の確認を十分に行うことが大切です。

【契約書から事実関係を確認する際のポイント】

契約関係	貸主借主は，個人個人，個人法人，法人個人，法人法人のいずれであるか
契約形態	使用貸借契約（無償）か賃貸借契約（有償）か
契約期間	一時使用かどうか・契約年数
利用目的	建物所有目的か，資材置場や駐車場・簡易建物のための賃借かどうか
権利金	権利金授受の事実，権利金の額，権利金と地代の関係
地代	地代の額・地代の改訂方法・地代の額の算出根拠

5 借地権設定時・設定中の課税 （貸主個人・借主法人の場合）

■ 権利金収受方式の借地権設定時・設定中課税

【権利金収受方式の設定時課税】

	発生する収入費用	税務上の取扱い	
貸主個人	権利金収入	【土地の時価が明らかなとき】 権利金 ≦ 土地の時価 × 50% の場合 【土地の時価が不明なとき】 権利金 ≦ 地代年額 × 20 の場合	不動産所得
		【土地の時価が明らかなとき】 権利金 > 土地の時価 × 50% の場合 【土地の時価が不明なとき】 権利金 > 地代年額 × 20 の場合	譲渡所得
借主法人	支払権利金	支払った権利金を「借地権」として固定資産に計上。非償却資産であるため減価償却しない。	無形固定資産に計上

【権利金収受方式の設定中課税】

	適正な地代の額	地代への課税	通常の地代未満の場合の課税
貸主個人	通常の地代	実際に受け取った地代の額が不動産所得の収入金額	通常の地代ではなくても地代の認定課税なし
借主法人	通常の地代	実際に支払った地代の額が損金算入	通常の地代ではなくても地代の認定課税なし

⑴ 権利金収受方式の考え方

　権利金収受方式では，借主が借地権の設定時に貸主に権利金を支払うことにより借地権を取得します。借地権設定中は，貸主が有している底地に対する使用料

として地代を支払うことになります。この地代のことを「通常の地代」といいます。

【権利金収受方式：権利金＋通常の地代】

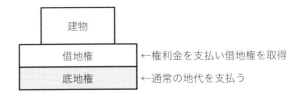

建物

借地権　←権利金を支払い借地権を取得

底地権　←通常の地代を支払う

⑵　貸主個人の借地権設定時の課税

　貸主個人が借地権の設定に際して受け取る権利金には所得税が課税されます。権利金の所得税法上の所得区分は，受領する権利金の額により異なることになります。貸主個人が受け取る権利金の額が土地の時価の50％以下である場合は「不動産所得」となり，権利金の額が土地の時価の50％を超える場合は「譲渡所得」となります（所令79）。

　一方，借地権の設定に際して権利金を収受しない場合や，低額な権利金しか収受しない場合であっても，別段の課税関係は生じません。これは，所得税法36条において，「収入金額はその年において収入すべき金額とする」と規定されているためです。つまり，貸主が個人の場合は，実際に収受することが確定した権利金を収入金額とするため，相当の権利金額に引き直して認定課税が行われることはありません。この点が，法人が貸主となる場合と考え方が異なるため，注意が必要となります。

①　権利金が譲渡所得となる場合（所令79）

　次の(i)，(ii)のいずれかに該当する場合，受け取った権利金は譲渡所得として課税されます。

(i)　土地の時価が明らかな場合

　受け取った権利金の額が，土地の時価の50％を超える場合は譲渡所得となり

ます。権利金の額が土地の時価に対して高額になれば，実質的には土地の譲渡と同様の経済的効果が生ずると考えられるためです。

> 権利金の額　＞　土地の時価　×　50％

(ii)　土地の時価が明らかでない場合

　土地の時価が明らかでない場合は，受け取った権利金の額が，地代年額の20倍を超える場合は譲渡所得と推定されます。

> 権利金の額　＞　地代年額　×　20

　譲渡所得は受け取った権利金の額から，取得費と譲渡費用を控除して算出します。この場合の取得費は，土地全体に対する取得費ではなく，権利金に対応する部分の取得費となります。取得費の額は，借地権の設定形態により，それぞれ次のように計算します（所基通38－4）。

譲渡所得＝受け取った権利金の額　－　（取得費＋譲渡費用）

取得費の算定方法

　(イ)　その土地に初めて借地権を設定した場合の取得費

$$\text{取得費} = \begin{array}{c}\text{借地権を設定した}\\ \text{土地の当初取得費(A)}\end{array} \times \dfrac{\begin{array}{c}\text{借地権設定の対価として受け取る}\\ \text{権利金の額(B)}\end{array}}{(B)＋\text{土地の底地価額(C)}}$$

　土地の底地価額(C) ＝ 底地価額が明らかでなく，かつ，借地権の設定により支払いを受ける地代があるときは，その地代年額の20倍に相当する金額

　(ロ)　現に借地権を設定している土地に更に借地権を設定（又貸し）した場合の取得費

$$\text{取得費} = \left((A) － \begin{array}{c}\text{現に設定されている借地権の}\\ \text{(イ)により計算した取得費}\end{array}\right) \times \dfrac{\begin{array}{c}\text{借地権設定の対価として}\\ \text{受け取る権利金の額(B)}\end{array}}{(B)＋\text{土地の底地価額(C)}}$$

---

② 権利金が不動産所得となる場合

①の譲渡所得に該当しない場合，受け取った権利金は不動産所得として課税されます。

不動産所得は，その他の所得と合算した総所得金額に累進税率を乗じて税金を計算する総合課税方式により計算されます。累進税率は所得が多いほど税率が高くなるため，高額の権利金を一時に受け取った年分の所得税の負担が重くなります。そこで，一定の要件を満たす場合には，権利金額を5年間で平均的に受け取ったとして計算する「臨時所得の平均課税」の適用を受けることができます。

臨時所得の平均課税を受けるためには，借地権設定時に受け取った権利金が次の全ての要件を満たす必要があります（所令8①二，所法90）。

(イ) 契約期間が3年以上である賃貸借契約により一時に受け取る権利金であること

(ロ) 権利金の額が，地代年額の2年分に相当する金額以上であること

(ハ) 臨時所得の額が総所得金額の20%以上であること

なお，権利金の所得区分が不動産所得となる場合は譲渡所得となる場合と異なり，その土地を当初取得したときの取得費を必要経費として控除することはできません。

③ 事業所得又は雑所得に該当する場合

借地権を設定する土地が，事業所得又は雑所得の起因となる土地である場合は，受け取った権利金は譲渡所得や不動産所得ではなく，事業所得又は雑所得に該当します。事業所得又は雑所得となる譲渡は，棚卸資産である土地の譲渡や，不動産売買を継続的に行う事業者が営利目的で行う譲渡等をいいます。

④ 権利金の収入計上時期

受け取った権利金を収入として計上する時期は，原則として借地権の「引渡日」（設定日）となりますが，納税者の選択により，借地権の「売買契約の効力発生日」とすることも認められています（所基通36-6）。

⑶　貸主個人の借地権設定中の課税

　借地権の設定中は，貸主個人が借主法人から底地の使用料として受け取る「通常の地代」が適正な地代と考えられます。収受する地代は，所得税法上の不動産所得になります。

　ただし，貸主が個人の場合は，実際に受け取る地代の額が通常の地代より低い場合であっても，通常の地代に引き直して課税されることはなく，実際に受け取る地代の額が収入金額になります。これは，所得税法36条において，「収入金額はその年において収入すべき金額とする」と定められているためです。所得税法を拠り所とする個人地主の場合，実際に地代として収受する確定額を収入金額とし，現実に収受しない差額地代に対して課税されることはありません。よって貸主個人に対して地代の認定課税が行われることはありません。

⑷　借主法人の借地権設定時の課税

　借主法人側は，借地権設定時に通常の権利金の支払いがある場合，課税関係は生じません。支払った権利金を「借地権」として固定資産に計上するのみとなります。借地権は「土地の上に存する権利」として土地と同様に非償却資産となるため減価償却は行われません。

　借地権の取得価額には，次に掲げる金額が含まれます。

法人の借地権取得費の主な例示	
①	借地権の対価として地主に支払った権利金，借地権の購入対価（更新料や更改料も含まれます）又は立退料等の金額（法基通 7-3-5）
②	建物等の購入対価のうち借地権の対価として認められる部分の金額（その金額が建物等の購入対価のおおむね 10％以下の金額であるときは，建物等の取得価額に含めて計算することができます）（法基通 7-3-8）
③	借地についてした埋立て，地盛り，地ならし等の整地又は土地の改良のために要した費用（法基通 7-3-4, 8）
④	借地権の取得のために支払った仲介手数料等の金額（法基通 7-3-8）
⑤	借地上の建物等を増改築するに当たりその土地の所有者等に支出した費用（法基通 7-3-8）
⑥	おおむね 1 年以内に建物等を取壊して土地を利用する目的で借地権付建物を取得した場合の当該建物等の取得に要した費用及びその取壊しに要した費用（法基通 7-3-6）

　一方，借地権の設定時に通常の権利金に満たない権利金を支払っている場合は，設定中の地代の額により課税関係が異なることになります。設定中に通常の権利金に満たない部分に対応する相当の地代の支払いがあれば，権利金の認定課税は行われませんが，相当の地代未満の地代の場合は，一定の借地権について貸主から贈与を受けたものとして，受贈益に対して課税が行われることになります。細かい計算方法については後述**2**相当の地代方式で解説を行います。

　貸主個人については，権利金収入に対する認定課税は生じませんが，借主法人については権利金の額により，認定課税が生じ得る点に注意が必要です。

⑸　借主法人の借地権設定中の課税

　借主法人は，貸主個人に支払う「通常の地代」が適正な地代となります。通常の地代は法人税法上の損金に算入されます。なお，実際の地代が通常の地代よりも低い場合であっても，通常の地代に引き直す必要はありません。

❷ 相当の地代方式の借地権設定時・設定中課税

【相当の地代方式の設定時課税】

	権利金	発生する収入費用	設定時の税務上の取扱い	
貸主個人	なし	なし	課税関係なし	
借主法人		なし	課税関係なし	
貸主個人	一部あり	権利金収入	【土地の時価が明らかなとき】 権利金 ≦ 土地の時価 × 50％ の場合 【土地の時価が不明なとき】 権利金 ≦ 地代年額 × 20 の場合	不動産所得
			【土地の時価が明らかなとき】 権利金 ＞ 土地の時価 × 50％ の場合 【土地の時価が不明なとき】 権利金 ＞ 地代年額 × 20 の場合	譲渡所得
借主法人		支払権利金	支払った権利金を「借地権」として固定資産に計上。非償却資産であるため減価償却しない。	無形固定資産に計上

【相当の地代方式の設定中課税】

	適正な地代の額	地代への課税	相当の地代未満の場合の課税
貸主個人	相当の地代	実際に受け取った地代の額が不動産所得の収入金額	相当の地代未満でも地代・権利金の認定課税なし
借主法人	相当の地代	実際に支払った地代の額が損金算入	地代の認定課税はないが，「**権利金**」の認定課税あり

(1) 相当の地代方式の考え方

　相当の地代方式は，権利金の取引慣行がある地域において，権利金の収受に代えて土地全体に対する使用料として「相当の地代」を受け取る方式です。「相当の地代」の授受を行う場合には，借地権設定時に権利金の授受がなくても借地取引

は正常に行われたものとみなされます（法令137）。

　相当の地代の額は，原則として土地の更地価額のおおむね年6％程度の金額です。

　権利金を一部収受したり，経済的な利益を受けている場合は，その額を控除した後の金額の6％相当の金額が相当の地代の額になります。

相当の地代　＝　（土地の更地価額－収授した権利金額）　×　6％

　相当の地代を計算する際の土地の更地価額はその土地の時価をいいますが，法人税法では課税上弊害がない限り次の3つのうちいずれかの金額を使うことが認められています（法基通13－1－2）。

　(ア)　近傍類地の公示価格などから合理的に計算した価額

　(イ)　相続税評価額

　(ウ)　相続税評価額の過去3年間の平均額

【相当の地代方式】

建物	・土地の更地価額　10,000万円 設定時　権利金支払いなし
土地　10,000万円	設定中　相当の地代　10,000万円×6％＝年600万円 ※権利金の支払いに代えて土地全体に対する使用料を支払う

　なお，法人税法では相当の地代方式を選択する場合には，借地権の設定に係る契約書で，地代の改訂方法について次の2つの方式のいずれかによることを定め，遅滞なく「相当の地代の改訂方法に関する届出書」を貸主借主連名で貸主の納税地の所轄税務署長に提出することとされています。この届出がない場合は，据置方式を選択したものとして取り扱われます（法基通13－1－8）。

相当の地代 改訂方式	土地の価額の上昇に応じて，収受する地代の額を相当の地代の額に改訂する方法。おおむね3年以下の期間ごとに改訂を行う必要がある。
相当の地代 据置方式	上記改訂方式以外の方法。

⑵ 貸主個人の借地権設定時の課税

　相当の地代方式には「権利金に代えて相当の地代を収受する方法」と「一部を権利金，残りを相当の地代として収受する方法」があります。

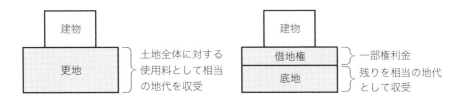

　前者の場合，収受する権利金がないため，借地権設定時には特に課税関係は生じません。一方，権利金の一部を受け取る場合は，貸主である個人が受け取った権利金は，上記**1**の権利金収受方式と同様に，受け取った権利金の額の多寡により不動産所得又は譲渡所得として課税されることになります。

⑶ 貸主個人の借地権設定中の課税

　貸主個人は，借主法人から受け取る「相当の地代」を所得税法上の不動産所得の収入金額に計上します。

　実際に受け取る地代の額が相当の地代より低い場合であっても，「地代」の認定課税により，相当の地代に引き直して収入計上されることはなく，実際に受け取る地代の額が収入金額となります。これは，個人の場合は所得税法36条において，「収入金額とすべき金額はその年において収入すべき金額とする」と規定されているためです。

　また，この規定に従い，相当の地代と実際の地代の差額部分に対する「権利金」の認定課税も行われません。

　つまり，個人地主については，実際に受け取ることが確定した金額を収入金額とすればよく，受け取る地代が，相当の地代未満であっても，「権利金」及び「地代」に対して別段の課税が生じることは原則としてありません。

⑷　借主法人の借地権設定時の課税

①　権利金の支払いがない場合

　法人税法では「借地権の設定に際し，通常権利金を収受する取引慣行がある場合であっても，権利金の収受に代えて，土地の価額に照らし土地使用の対価として相当の地代を収受しているときは，正常な取引でされたものとする（法令137）」と定められており，権利金の支払いがなくても相当の地代を支払う場合は権利金の認定課税はされないこととなります。

②　一部権利金の支払いがあり，残りを相当の地代で支払う場合

　一方，一部を権利金，残りを相当の地代として支払う場合は，借主である法人が支払った権利金は，前掲**1**の権利金収受方式と同様に，借地権として無形固定資産に計上することとなります。

⑸　借主法人の借地権設定中の課税

①　相当の地代の支払いがある場合

　相当の地代の支払いがある場合，借主法人は，貸主個人に支払う地代を法人税法上の損金に算入します。権利金の支払いがなくても，相当の地代の支払いがあれば，権利金の認定課税は行われません。

②　相当の地代未満の場合

　一方，通常の権利金の支払いがなく，かつ，実際に支払う地代が相当の地代に満たない場合は，満たない部分に対応する権利金の認定課税が行われることとなります。相当の地代と実際の地代の差額を基に下記の算式により計算した借地権が貸主個人から贈与されたとして，借主法人に受贈益が生じます（法基通13－1－3）。なお，権利金の認定課税が行われるため，実際に支払う地代は適正な地代とされ，地代の認定課税は行われません。

<＜権利金認定課税算式＞>

$$\text{土地の更地価額} \times \left(1 - \frac{\text{実際収受している地代の年額}}{\text{相当の地代の年額}} \right)$$

（※）　算式の「相当の地代の年額」は，実際に収受している権利金の額がある場合でも，この金額がないものとして計算した金額によります。また，算出した金額が通常収受すべき権利金の額を超える場合には，当該権利金の額にとどめます。

　貸主個人・借主法人の組み合わせで，権利金の支払いがなく，収受する地代の額が相当の地代に満たない場合は，貸主個人側では権利金の認定課税の問題は生じませんが，借主法人側では権利金の認定課税を受けることとなります。貸主と借主とで権利金の認定課税に係る課税関係が異なる点に注意が必要です。

【貸主個人の課税】

（現 金 預 金）×× ／（地 代 収 入）×× 　←実際の地代

権利金の認定課税なし

【借主法人の課税】

（支 払 地 代）×× ／（現 金 預 金）×× 　←実際の地代
＋
（借 地 権）×× ／（権利金受贈益）×× 　←権利金の認定課税

【無償返還の届出方式の設定時課税】

	発生する収入費用	税務上の取扱い
貸主個人	なし	課税関係なし
借主法人	なし	課税関係なし

【無償返還の届出方式の設定中課税】

	適正な地代の額	地代への課税	相当の地代未満の場合の課税
貸主個人	相当の地代	実際に受け取った地代の額が不動産所得の収入金額	相当の地代未満でも地代の認定課税なし
借主法人	相当の地代	実際に支払った地代の額が損金算入	差額地代の認定課税あり。ただし地代と受贈益が相殺され課税所得への影響なし。権利金の認定課税はなし。

(1) 無償返還の届出方式の考え方

　借地権の設定時に権利金の支払いがなく，また，賃貸借期間中においても相当の地代の支払いがない場合は借主法人に対して権利金の認定課税が行われます。ただし，賃借関係の一方もしくは双方が法人の場合，借地権の設定に係る契約書において，将来借地人がその土地を無償で返還することが定められており，かつ，「土地の無償返還に関する届出書」が貸主と借主の連名で遅滞なく貸主の所轄税務署に提出されている場合には，権利金の認定課税は行われません。

　「無償返還の届出方式」を選択した場合は，権利金の収受を行わないため，適正な地代は更地全体に対する使用料，すなわち「相当の地代」となります。

【無償返還の届出方式】

・更地価額　10,000万円
設定時　権利金支払いなく，無償返還の
　　　　届出書提出→権利金の認定課税なし

権利金の
支払いなし

更地　10,000万円

設定中　相当の地代の年額
10,000万円×6%＝600万円

建物

(2)　貸主個人の借地権設定時の課税

　将来無償で土地を返還することを条件に権利金のやりとりが行われないため，設定時には課税関係は生じません。

(3)　貸主個人の借地権設定中の課税

　貸主個人は，借主法人から受け取る「相当の地代」が適正な地代と考えられます。地代の額は所得税法上の不動産所得の収入金額に計上されます。

　ただし，実際に受け取る地代の額が相当の地代と異なる場合であっても，相当の地代に引き直して収入計上されることはなく，実際に受け取る地代の額が収入金額になります。これは，所得税法36条において，「収入金額はその年において収入すべき金額とする」と規定されているためです。つまり，個人地主の場合は，無償返還の届出の有無に関係なく，実際に受け取ることが確定した地代の額を収入金額とすることとなり，現実に収入を得ない差額の地代について認定課税を受けることはありません。

(4)　借主法人の借地権設定時の課税

　将来無償で土地を返還することを条件に権利金のやりとりが行われないため，設定時には課税関係は生じません。

⑸ 借主法人の借地権設定中の課税

　借主法人は，個人地主に支払う「相当の地代」が適正な対価としての地代となります。支払う地代は法人税法上の損金に算入されます。

　実際に支払う地代が相当の地代に満たない場合は，その差額に相当する金額が，貸主からの受贈益として益金に算入されます（地代の認定課税）。ただし，受贈益と同額が支払地代として損金に算入されるため，結果として益金と損金が相殺され，課税所得への影響はありません。

【例　相当の地代が 600 万円，実際の地代が 100 万円の場合】

（支払地代）100 万円／（現金預金）100 万円

（支払地代）500 万円／（受　贈　益）500 万円　←益金と損金が通算され課税所得に影響なし

相殺

　無償返還の届出書の提出があり，相当の地代未満の地代の支払いがある場合は，「地代」の認定課税が行われ，「権利金」の認定課税が行われることはありません。

24

6 借地権設定時・設定中の課税 (貸主法人・借主個人の場合)

■ 権利金収受方式の借地権設定時・設定中課税 ──────

【権利金収受方式の設定時課税】

	発生する収入費用	権利金への課税	通常の権利金未満の場合
貸主法人	権利金収入	受け取った権利金が益金に算入される。借地権の設定により土地の時価が50%以上下落した場合，土地の簿価を一部損金に算入する。	権利金の認定課税あり
借主個人	支払権利金	支払った権利金を「借地権」として固定資産に計上 非償却資産であるため減価償却しない。	給与所得・一時所得・配当所得として課税

【権利金収受方式の設定中課税】

	適正な地代の額	地代への課税	通常の地代未満の場合の課税
貸主法人	通常の地代	実際に受け取った地代の額を益金に算入	通常の地代と実際の地代の差額は地代の認定課税（地代収入）
借主個人	通常の地代	事業用の場合は実際に支払った地代の額を必要経費に算入	通常の地代と実際の地代の差額は地代の認定課税（給与所得・配当所得・雑所得）

(1) 権利金収受方式の考え方

　権利金収受方式では，借主は借地権の設定時に貸主に権利金を支払うことにより，借地権を取得します。借地権設定中は，貸主が有している底地に対する使用料として地代を支払うことになります。この地代のことを「通常の地代」といいます。

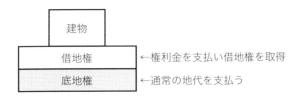

【権利金収受方式：権利金＋通常の地代】

建物

借地権　←権利金を支払い借地権を取得

底地権　←通常の地代を支払う

⑵　貸主法人の借地権設定時の課税

　貸主法人が借地権の設定に当たり受け取る権利金は，益金に算入されます。受け取った権利金の額が適正な権利金の額（通常の権利金）に満たない場合，その満たない部分が権利金の認定課税の対象となります。

①　適正な権利金額に満たない部分について認定課税が行われた場合の税務処理

　受け取った権利金の額が通常の権利金の額に満たない場合，相当の地代を収受している場合と無償返還の届出書が提出されている場合を除き，その満たない部分は貸主法人が借主個人に対して贈与を行ったものとして権利金の認定課税が行われます。法人は個人とは異なり，経済合理性に基づいて行動すると考えられるため，本来収受すべき金額を基に課税が行われることになります。この点が，貸主が個人の場合と異なる考え方になるため注意が必要です。

　この場合の税務上の処理は，適正な権利金の額と実際に受け取った権利金の額との差額を益金に計上すると共に，相手科目を借主個人に対する寄附（借主個人が会社の役員や従業員である場合は賞与，株主である場合には配当）として損金に計上します。このうち，損金不算入となる金額分だけ法人税の対象となる課税所得が増加することとなります。

（寄附金・給与・賞与・配当等）×××／（権利金収入）×××
↑
一部損金不算入

借方（いずれか）	貸方	金額
寄附金 給与・賞与 支払配当金	権利金収入	①適正な権利金の額 ②実際に受取った権利金の額 ①－②＝権利金の認定課税額

借方科目	法人との関係性	税務処理
寄附金	関係性なし	一定の損金算入限度額を超える部分は損金不算入
給与・賞与	法人の従業員	他の使用人と同時期，社会通念上妥当な賞与額でなければ損金不算入
役員給与・賞与	法人の役員	損金不算入（定期同額給与でも事前届出確定給与でもない）
配当	法人の株主 （役員・従業員以外）	資本取引のため所得計算に影響しない

　権利金の認定課税を行う際の「適正な権利金の額」は次の算式により算出します。この算式により計算した金額が，取引慣行上通常収受すべき金額を超える場合は，取引慣行上通常収受すべき額を適正な権利金の額とします。

$$\begin{array}{l}\text{適正な権利金の額}\\ \text{（借地権の額）}\end{array} = \begin{array}{l}\text{土地の更地価格}\\ \text{（通常の取引価格）}\end{array} \times \left(1 - \dfrac{\text{実際の地代の年額}}{\text{相当の地代の年額}^※}\right)$$

（※）相当の地代の年額は実際に収受した権利金があっても，ないものとして計算した金額によります。

②　土地の帳簿価額の一部が損金算入となる場合

　借地権の設定により，借地権の設定後のその土地の時価が，設定前の時価より50％以上下落した場合は，土地の一部の譲渡があったものとして，土地の帳簿価額の一部を借地権の設定を行った事業年度の損金に算入します（強行規定）（法令138）。

＜損金算入額＞

$$\text{借地権設定直前の土地の帳簿価額} \times \dfrac{\text{受け取った権利金の額}}{\text{設定直前の土地の時価}}$$

また，借地権設定後の土地の時価の下落が，設定前の時価の50％未満の下落である場合は土地の帳簿価額の損金算入は認められませんが，帳簿価額を下回る金額（帳簿価額－時価）を土地の評価損として損金に算入することが認められます（法基通9－1－18）。

(3)　貸主法人の借地権設定中の課税

　通常の権利金を収受している場合，貸主法人は，借主個人から底地に対する使用料として受け取る「通常の地代」が適正な対価と考えられ，法人税法上の益金に算入されます。

　実際に受け取る地代の額が通常の地代よりも低い場合，通常の地代と実際の地代との差額部分に地代の認定課税が行われます。差額地代に対する課税は，貸主法人と借主個人の関係性により異なります。借主個人が法人の役員や従業員の場合は給与，借主個人が法人の株主の場合は配当，借主個人と法人との間に関係性がない場合は寄附金として取り扱われます。差額地代が毎月定額であることにより役員報酬として定期同額給与に該当する場合には益金と損金が相殺され，課税関係への影響はありません。寄附金については，一定の限度額を超える部分が法人税法上損金不算入となります。

（現 金 預 金）×××／（地 代 収 入）×××

（寄附金・給与・配当等）×××／（地 代 収 入）×××

---

(4)　借主個人の借地権設定時の課税

①　借地権の取得価額

　設定時の権利金額が適正額である場合，土地の借主である個人には，特段の課税関係は生じません。支払った権利金を土地の上に存する権利「借地権」として無形固定資産に計上します。

　無形固定資産として計上する「借地権の取得価額」に含まれる金額は次のとお

りです。

個人が借地権を譲渡した場合の取得費の主な例示	
①	借地権の対価として地主に支払った権利金, 借地権の購入対価（更新料や更改料も含まれます。）又は立退料等の金額（所基通 38−11, 12）
②	建物等の購入対価のうち借地権の対価として認められる部分の金額（その金額が建物等の購入対価のおおむね 10%以下の金額であるときは, 建物等の取得価額に含めて計算することができます。）（所基通 38−12）
③	借地についてした埋立て, 地盛り, 地ならし等の整地又は土地の改良のために要した費用（所基通 38−10, 12）
④	借地権の取得のために支払った仲介手数料等の金額（所基通 38−12）
⑤	借地上の建物等を増改築するに当たりその土地の所有者等に支出した費用（所基通 38−12）
⑥	おおむね 1 年以内に建物等を取壊して土地を利用する目的で借地権付建物を取得した合の当該建物等の取得に要した費用及びその取壊しに要した費用（所基通 38−1）
⑦	借地権の取得のために借り入れた資金の利子のうち, 借入れの日から借地の使用開始の日までの期間に対応する部分の金額で, 他の所得の必要経費に算入していないもの。なお, その資金の借入れのために通常必要と認められる公正証書作成費用, 抵当権設定登記費用, 借入れの担保保険料その他の費用も取得費とすることができます。（所基通 38−8）
⑧	当初の借地契約を解除し, 土地所有者等に支出した違約金の額（ただし, 他の所得の必要経費に算入したものは除きます）。（所基通 38−9 の 3）

②　適正な権利金額に満たない部分について認定課税が行われた場合の税務処理

　貸主である法人に支払った権利金の額が適正な権利金の額に満たない場合, 相当の地代を収受している場合と無償返還の届出書が提出されている場合を除き, その満たない部分について, 貸主である法人から借主である個人に対し贈与があったものとして貸主法人に対して, 上述(2)①の通り権利金の差額相当の認定課税が行われます。

　借主個人側では, 貸主法人への認定課税の内容に応じて, 一時所得, 給与所得, 配当所得として課税が行われます。

課税所得区分	法人との関係性	税務処理
一時所得	関係性なし	①適正な権利金の額（⑵①参照） ②実際に受取った権利金の額 ①－②＝権利金の認定課税額
給与所得	法人の従業員	
給与所得	法人の役員	
配当所得	法人の株主 （役員・従業員以外）	

⑸ 借主個人の借地権設定中の課税

通常の権利金を支払う場合，借主個人は，貸主法人に支払う底地に対する使用料としての「通常の地代」が適正な対価となり，借地を事業の用に供している場合は，所得税法上の必要経費となります。

実際に支払う地代が通常の地代に満たない場合は，実際に支払う地代の額が必要経費となり，通常の地代と実際の地代の差額に対しては，法人と個人の関係により次のような課税が生じます。

法人との関係性	所得税法上の課税区分
法人の役員・従業員	給与所得
法人の株主（役員・従業員以外）	配当所得
法人との関係性なし	雑所得

2 相当の地代方式の借地権設定時・設定中課税 ─────

【相当の地代方式の設定時課税】

	権利金	設定時に発生する収入費用	税務上の取扱い	
貸主法人	なし	なし	課税関係なし	
借主個人		なし	課税関係なし	
貸主法人	一部あり	権利金収入	受け取った権利金が益金に算入される。借地権の設定により土地の時価が50%以上下落した場合, 土地の簿価を一部損金に算入する。	益金算入
借主個人		支払権利金	支払った権利金を「借地権」として固定資産に計上。非償却資産であるため減価償却しない。	無形固定資産

【相当の地代方式の設定中課税】

	適正な地代の額	地代への課税	相当の地代未満の場合の課税
貸主法人	相当の地代	実際に受け取った地代の額を益金に算入	借地権の認定課税（権利金収入）
借主個人	相当の地代	事業用の場合は実際に支払った額を必要経費とする	借地権の認定課税（給与・配当・一時所得）

(1) 相当の地代方式の考え方

17頁**2**(1)を参照してください。

(2) 貸主法人の借地権設定時の課税

① 権利金の収受がない場合

権利金の収受に代えて相当の地代を受け取る場合は, 借地権を設定した時点で

は課税関係は生じません。

②　一部権利金の収受があり，残りを相当の地代で受け取る場合

権利金の一部を受け取り，残りを相当の地代方式により受け取る場合は，受け取った権利金を益金に計上します。権利金の受け取りにより，土地の価額が設定前の価額に比べ50％以上下落した場合は，土地の一部の譲渡があったものとして土地の帳簿価額の一部を損金に算入します（法令138）。

＜損金算入額＞

$$借地権設定直前の土地の帳簿価額 \times \frac{受け取った権利金の額}{設定直前の土地の時価}$$

また，借地権設定後の土地の時価の下落が，設定前の時価の50％未満の下落である場合は土地の帳簿価額の損金算入は認められませんが，帳簿価額を下回る金額（帳簿価額－時価）を土地の評価損として損金に算入することが認められています（法基通9－1－18）。

(3)　貸主法人の借地権設定中の課税

①　相当の地代の収受がある場合

貸主法人は，借主個人から更地全体に対する使用料として受け取る「相当の地代」が適正な地代と考えられ，これを法人税法上の益金に算入することになります。相当の地代を収受していれば，設定時に権利金を収受していなくても，権利金の認定課税は行われません。

②　相当の地代未満の場合

相当の地代方式を選択したにもかかわらず，実際に受け取る地代が相当の地代に満たない場合には，「地代」の認定課税ではなく，「権利金」の認定課税が行われることになります。

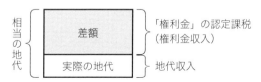

この場合，相当の地代と実際の地代の差額を基に下記の算式により計算した借地権が，借主個人に贈与されたものとして，貸主法人に対して権利金の認定課税が行われます（法基通13－1－3）。

<権利金認定課税算式>

土地の更地価格 × $\left(1 - \dfrac{\text{実際に収受している地代の年額}}{\text{相当の地代の年額}}\right) - \text{実際に収受した権利金額}$

（※） 算式の「相当の地代の年額」は，実際に収受している権利金の額がある場合でも，この金額がないものとして計算した金額によります。また，算出した金額が通常収受すべき権利金の額を超える場合には，通常収受すべき権利金の額にとどめます。

権利金の認定金額が土地の時価の50％以上になる場合は，その土地の帳簿価額の一部を損金に算入することになります（法令138）。

損金の額は，借主個人が法人の役員又は従業員の場合は給与，借主個人が法人の株主の場合は配当，借主個人と法人との間に関係性がない場合は寄附金となります。

（現 金 預 金）×× ／ （地 代 収 入）×× ←実際の地代
（給与・配当・寄附金）×× ／ （権 利 金 収 入）×× ←権利金の認定課税
　　　　　　　　　　／ （土　　　　地）××

⑷　借主個人の借地権設定時の課税

①　権利金の支払いがない場合

権利金の支払いに代えて相当の地代を支払う場合は，借地権を設定した時点では課税関係は生じません。

②　一部権利金の支払いがあり，残りを相当の地代で支払う場合

権利金の一部を支払い，残りを相当の地代方式により支払う場合は，支払った権利金を土地の上に存する権利「借地権」として無形固定資産に計上します。

借地権の取得価額は，前掲１⑷権利金収受方式の借主個人の場合と同様の取扱いになります。

⑸　借主個人の借地権設定中の課税

①　相当の地代の支払いがある場合

　借主個人は，法人地主に土地全体の使用料として支払う「相当の地代」が適正な対価としての地代となり，借地を事業の用に供している場合は，地代の額は所得税法上の必要経費となります。相当の地代を支払っていれば，権利金の支払いがなくても，権利金の認定課税は行われません。

②　相当の地代未満の場合

　相当の地代方式を選択したにもかかわらず，実際に支払う地代が相当の地代に満たない場合には，「地代」の認定課税は行われませんが，相当の地代と実際の地代の差額を基に⑶②の算式により計算した借地権の金額が借主個人に対して贈与されたものとして，貸主法人に対して「権利金」の認定課税が行われます（法基通13－1－3）。権利金の認定課税を受けた場合の借主個人の所得の種類は，法人と個人の関係により異なります。借主個人が法人の役員又は従業員の場合は給与所得，借主個人が法人の株主の場合は配当所得，借主個人と法人との間に関係性がない場合は一時所得となります。

法人との関係性	所得税法上の課税
法人の役員・従業員	給与所得
法人の株主 （役員・従業員以外）	配当所得
法人との関係性なし	一時所得

❸ 無償返還の届出方式の借地権設定時・設定中の課税──

【無償返還の届出方式の設定時課税】

	発生する収入費用	税務上の取扱い
貸主法人	なし	課税関係なし（権利金の認定課税なし）
借主個人	なし	課税関係なし（権利金の認定課税なし）

【無償返還の届出方式の設定中課税】

	適正な地代の額	地代への課税	相当の地代未満の場合の課税
貸主法人	相当の地代	実際に受け取った地代の額が益金算入	相当の地代と実際の地代の差額は地代の認定課税（地代収入）
借主個人	相当の地代	事業用の場合は実際に支払った地代の額が必要経費	相当の地代と実際の地代の差額は地代の認定課税（給与所得・配当所得・雑所得）

(1) 無償返還の届出方式の考え方

借地権の設定時に権利金の支払いがなく，また，賃貸借期間中も相当の地代の支払いがない場合は権利金の認定課税が行われます。ただし，賃借関係の一方もしくは双方が法人の場合，借地権の設定に係る契約書において，将来借地人がその土地を無償で返還することが定められており，かつ，「土地の無償返還に関する届出書」が貸主と借主の連名で遅滞なく貸主の所轄税務署に提出されている場合には，権利金の認定課税は行われません。

「無償返還の届出方式」を選択した場合の適正な地代は，更地全体に対する使用料，すなわち「相当の地代」となります。

(2) 貸主法人の借地権設定時課税

将来無償で土地を返還することを条件に権利金のやりとりが行われないため，借地権設定時には課税関係は生じません。(1)の通り「無償返還の届出書」が提出

されている場合には，権利金の認定課税は行われません。（法基通 13 - 1 - 7 ）

⑶ 貸主法人の借地権設定中の課税

① 相当の地代の授受がある場合

　無償返還の届出書が提出されている場合，貸主法人は，借主個人から更地全体の使用料として受け取る「相当の地代」が適正な対価としての地代と考えられ，これは法人税法上の益金に算入されます。

② 相当の地代未満の場合

　実際に受け取る地代が相当の地代に満たない場合，借地権の認定課税は行われませんが，相当の地代と実際の地代との差額部分に対して「地代」の認定課税が行われることになります。差額地代に対する課税は貸主法人と借主個人の関係性により異なります。借主個人が法人の役員又は使用人の場合は給与，借主個人が法人の株主の場合は配当，借主個人と法人との間に関係性がない場合は寄附金として取り扱われます。借主個人が役員の場合の役員報酬は定期同額給与に該当する場合には益金と損金が相殺され，課税関係への影響はありません。寄附金については，一定の限度額を超える部分が法人税法上損金不算入となります。

【例　借主個人が貸主法人の役員・相当の地代が 600 万円・実際の地代が 300 万円の場合】

⑷ 借主個人の借地権設定時課税

　将来無償で土地を返還することを条件に権利金のやりとりが行われないため，借地権設定時には課税関係は生じません。⑴の通り，「無償返還の届出書」が提出されている場合には権利金の認定課税は行われません（法基通 13 −1−7）。

⑸ 借主個人の借地権設定中の課税

① 相当の地代の支払いがある場合

借主個人は，法人地主に更地全体の使用料として支払う「相当の地代」が適正な対価としての地代となります。借主個人が借地を事業の用に供している場合は，相当の地代は所得税法上の必要経費となります。

② 相当の地代未満の場合

実際に支払う地代が相当の地代に満たない場合は，実際に支払う地代の額が必要経費となります。相当の地代と実際の地代の差額に対する課税は，法人と個人の関係により異なります。借主個人が法人の役員又は従業員の場合は給与所得，借主個人が法人の株主の場合は配当所得，借主個人と法人の間に関係性がない場合は雑所得となります。

法人との関係性	所得税法上の課税
法人の役員・従業員	給与所得
法人の株主 （役員・従業員以外）	配当所得
法人との関係性なし	雑所得

7 相続時の評価方法
——相続税法上の借地権

　相続税法上の借地権は，借地借家法に規定する「建物の所有を目的とする地上権又は土地の賃借権」とされています。

　税務上の借地権の設定方式は，①権利金収受方式，②相当の地代方式，③無償返還の届出方式の3つに分けられます。それぞれの借地権の設定方式と実際にやり取りされる地代の額により，相続時の評価方法が異なることになります。

　8・9では3つの借地権の設定方法を地代の額により6つに大別し，それぞれのケースにおける相続税評価の考え方を解説します。

権利金収受方式			**1**
相当の地代方式	相当の地代の授受あり	設定時権利金なし	**2**
		設定時権利金あり	**3**
	相当の地代未満		**4**
無償返還の届出方式	使用貸借契約		**5**
	賃貸借契約		**6**

8 相続時の評価方法 （貸主個人・借主法人の場合）

　借地権が設定されている土地の貸主である個人に相続が発生した場合，貸宅地に対して相続税が課税されます。貸宅地とは，地主が借地権者に土地を貸し，その土地を借地権者が使用している場合の底地部分をいいます。

　一方，土地の借主である法人は，借地権を有しています。借地権は，法人の株価評価における純資産価額の一部を構成します。法人の株主に相続があった場合は，当該株式に対して相続税が課税されます。

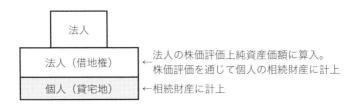

■1 権利金収受方式の相続時評価

【権利金収受方式の相続時評価】

	評価財産	評価方法	相続財産計上方法
貸主個人	貸宅地	自用地評価額×（1－借地権割合）	貸宅地を相続財産に計上
借主法人	借地権	自用地評価額×借地権割合	借地権を 株価評価上純資産価額に計上

(1) 権利金収受方式の考え方

　権利金収受方式は，借地権の設定時に権利金をやり取りする慣行がある地域において，土地の所有者に対して借地権設定の対価として権利金を支払う方式です。

いわゆる，通常の権利金の設定と通常の地代のやりとりがある場合をいいます。

【権利金収受方式】

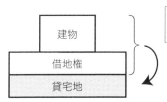

・更地価額　10,000万円
・借地権割合　60％の場合

設定時権利金（10,000万円×60％＝6,000万円）

⑵　貸主個人の貸宅地相続時の評価方法

　権利金収受方式の場合の貸宅地の評価額は，原則として自用地評価額から借地権の価額を控除して算出します（評基通25）。

評価財産	評価方法	相続財産計上方法
貸宅地	自用地評価額 ×（1 －借地権割合）	貸宅地を相続財産に計上

　この場合の「借地権割合」は原則として国税局が公表している路線価図や倍率表に表示されている 30％〜 90％の割合を使用します。

　なお，借地権の設定時に権利金をやり取りする慣行のない地域の貸宅地は「自用地評価額× 80％」で評価します（評基通25）。

⑶　借主法人の借地権相続時の評価方法

　権利金収受方式の場合の借地権の評価額は，原則として自用地評価額に「借地権割合」を乗じて算出します（評基通27）。

評価財産	評価方法	相続財産計上方法
借地権	自用地評価額×借地権割合	借地権を株価評価上純資産価額に計上

　なお，借地権の設定時に権利金のやり取りをする慣行がない地域の借地権は，評価を行いません（評基通27）。

❷ 相当の地代の授受がある場合の相続時評価 （設定時権利金なし）

【相当の地代方式の相続時評価】

	評価財産	貸主個人との関係	評価方法	相続財産計上方法
貸主個人	貸宅地	－	自用地評価額 × 80%	貸宅地を相続財産に計上
借主法人	借地権	同族関係者	自用地評価額 × 20%	借地権を株価評価上純資産価額に計上
		同族関係者以外	0	相続財産への計上なし

(1) 相当の地代方式の相続時の評価の考え方

　権利金をやりとりする慣行がある地域において，権利金の授受に代えて，土地全体の使用料として「相当の地代」（原則として，その土地の更地価額のおおむね年6％程度）を支払う場合には，借地取引は正常に行われたものとみなされるため，権利金の認定課税は行われません（法令137）。

　相続税の課税時期において，相当の地代のやり取りがある場合の貸宅地・借地権の評価はそれぞれ次のように算出します。

【相当の地代方式】

・更地価額　10,000 万円
・借地権割合　60％の場合

更地全体に対して相当の地代を支払う
（10,000 万円×6％＝600 万円）

(2) 貸主個人の貸宅地相続時の評価方法

　課税時期において相当の地代を収受している場合は，借主は借地権の権利を持たないものとされるため，貸主側の貸宅地の評価も100％自用地評価額によるべ

きといえます。しかし，実際には，賃貸借契約に基づいてその土地の自由な使用について相応の制限を受けていることを勘案し，自用地評価額から20%を控除した金額を貸宅地の価額とします（相当の地代通達6）。

評価財産	評価方法	相続財産計上方法
貸宅地	自用地評価額×80%	貸宅地を相続財産に計上

(3) 借主法人の借地権相続時の評価方法

相当の地代は，土地全体に対して支払う「地代」であり，借主に借地権が発生しているとは考えません。よって，課税時期において相当の地代の支払いがある場合には，評価すべき借地権の価額は原則としてゼロとなります（相当の地代通達3）。

ただし，被相続人個人が同族関係者である同族法人に土地を貸している場合には，同族法人の株価評価上「自用地評価額の20%」を借地権として純資産価額に計上します。これは，同族関係者間においては，個人と法人を通じて100%の土地評価とすることが課税の公平上適当と考えられるためです(43年直資3－22通達)。

評価財産	個人貸主との関係	評価方法	相続財産計上方法
借地権	同族関係者	自用地評価額×20%	借地権を 株価評価上純資産価額に計上
	同族関係者以外	0	－

42

3 相当の地代の授受がある場合の相続時評価 （設定時一部権利金あり）

(1) 貸主個人の貸宅地相続時の評価方法

　借地権の設定に際し，権利金を一部収受し，設定中は不十分な権利金額に応じた相当の地代を受け取っている場合の貸宅地の評価は，自用地評価額から一定の算式により求めた借地権の価額を控除して算出します。ただし，これにより算出した金額が自用地評価額の80％を超える場合は「自用地評価額×80％」を貸宅地の評価額とします（相当の地代通達6）。

＜貸宅地評価額＞

① 自用地評価額－借地権価額（※）×$\left(1-\dfrac{実際の地代－通常の地代}{相当の地代－通常の地代}\right)$ ①，②のいずれか少ない金額を採用

　　（※）自用地評価額×借地権割合

② 自用地評価額 × 80％

（※1）　相当の地代は，実際に支払っている権利金等があってもその金額がなかったものとして計算した金額

（※2）　通常の地代の金額は過去3年間の自用地評価額×（1－借地権割合）×6％によることも認められています。

(2) 借主法人の借地権相続時の評価方法

　借地権の設定に際し，権利金を一部収受し，設定中は不十分な権利金額に応じた相当の地代を支払っている場合の借地権の評価は，以下の算式により求めます（相当の地代通達3）。

＜借地権評価額＞

　　自用地評価額 × 借地権割合 × $\left(1-\dfrac{実際の地代－通常の地代}{相当の地代－通常の地代}\right)$

　ただし，被相続人が同族関係者である同族法人に土地を貸している場合に，計算した借地権の額が，自用地評価額の20％未満の場合は，「自用地評価額×

20％」を同族会社の株価評価上の純資産価額に計上します。

4 相当の地代に満たない地代の授受がある場合の 相続時評価

【相当の地代に満たない地代の授受がある場合の相続時評価】

	評価財産	評価方法	相続財産計上方法
貸主個人	貸宅地	自用地評価額－$\left\{自用地評価額 × 借地権割合 × \left(1－\dfrac{実際の地代－通常の地代}{相当の地代－通常の地代}\right)\right\}$ ※自用地評価額×80％超の場合には80％	貸宅地を相続財産に計上
借主法人	借地権	$自用地評価額 × 借地権割合 × \left(1－\dfrac{実際の地代－通常の地代}{相当の地代－通常の地代}\right)$ ※同族関係者の場合，自用地評価額× 20％未満の場合には 20％	借地権を株価評価上純資産価額に計上

(1) 相当の地代に満たない地代の授受がある場合の評価の考え方

　課税時期において相当の地代に満たない地代の授受がある場合には，評価時点における相当の地代と実際の地代との差額に相当する部分については，借主に経済的利益として受けた借地権があると考えられるため，実際に授受される地代の額に応じて，貸宅地や借地権を評価することになります。

【相当の地代に満たない地代】

・更地価額　10,000万円
・借地権割合　60％の場合
・無償返還の届出書を提出しない

相当の地代に満たない地代（400万円）
（相当の地代は 10,000万円×6％＝600万円）

⑵　貸主個人の貸宅地相続時の評価方法

　課税時期に収受している地代が通常の地代を超えているものの，相当の地代に満たない地代の場合，評価時点において，借主が経済的利益として受けた借地権の価額を自用地評価額から控除して貸宅地の評価額を算出します。具体的には，評価時点において収受している実際の地代が相当の地代に近い程，控除する借地権の価額は小さくなり，通常の地代に近い程，借地権の価額は大きくなります。これを算式に示すと以下の通りとなります。ただし，算出した価額が自用地評価額の80％を超える場合には，自用地評価額×80％で評価します（相当の地代通達7）。

＜貸宅地評価額＞

① 自用地評価額－借地権価額（※）× $\left(1 - \dfrac{\text{実際の地代－通常の地代}}{\text{相当の地代－通常の地代}}\right)$　①，②のいずれか少ない金額を採用
　　（※）自用地評価額×借地権割合

② 自用地評価額 × 80％

（※1）　相当の地代は，実際に支払っている権利金等があってもその金額がなかったものとして計算した金額
（※2）　通常の地代の金額は過去3年間の自用地評価額×（1－借地権割合）×6％によることも認められています。

⑶　借主法人の借地権相続時の評価方法

　課税時期において支払っている地代が，通常の地代を超えているものの，相当の地代に満たない地代の場合の借地権は，以下の算式により評価します（相当の地代通達4）。具体的には，評価時点において支払っている実際の地代が相当の地代に近い程，借地権の価額は小さくなり，通常の地代に近い程，借地権の価額は大きくなります。つまり，評価時点において借主が経済的利益として受ける借地権の価額を同族会社の株価評価上の純資産価額に計上することになります。

＜借地権評価額＞

自用地評価額 × 借地権割合 × $\left(1 - \dfrac{\text{実際の地代－通常の地代}}{\text{相当の地代－通常の地代}}\right)$

※同族関係者の場合，自用地評価額 × 20％といずれか大きい金額を採用

なお，貸主である個人が同族関係者となっている同族法人に土地を貸している
ときは，この算式により算出した借地権の額が，自用地評価額の20％に満たない
場合には，「自用地評価額×20％」を同族会社の株価評価上，純資産価額に計上
する必要があります（43年直資3-22通達）。これは，同族関係者間においては，
個人と法人を通じて100％の土地評価とすることが課税の公平上適正と考えられ
るためです。

5 無償返還の届出方式（使用貸借契約の場合）の相続時評価

【無償返還の届出方式（使用貸借契約の場合）の相続時評価】

	評価財産	評価方法	相続財産計上方法
貸主個人	貸宅地	自用地評価額	貸宅地を相続財産に計上
借主法人	借地権	0	相続財産への計上なし

(1) 無償返還の届出方式の評価の考え方

無償返還の届出方式は，借地権の設定の対価として通常の権利金のやりとりを
行わず，かつ，相当の地代未満の地代の支払いしかしない場合において，権利金
の認定課税を避けるために，貸主と借主の連名で土地の無償返還に関する届出書
を税務署長に提出する方式です。

土地の使用に係る契約には「賃貸借契約」に基づくものと「使用貸借契約」に
基づくものの2つの形態があります。使用貸借契約とは，地代のやりとりがない
場合や固定資産税相当の地代の支払いのみがある場合をいいます。

無償返還の届出書を提出している場合の相続時の土地の評価方法は，それぞれ
の契約形態により異なることになります。

【無償返還の届出方式】

建物

更地全体

・更地価額　10,000万円
・無償返還の届出書を提出

→無償返還届出書を提出することで
権利金の認定課税がされない

⑵　貸主個人の貸宅地相続時の評価方法

　無償返還の届出書が提出され，かつ，土地の契約が「使用貸借契約」である場合には借地借家法等の適用がなく，土地所有者は，土地の利用について何ら制約を受けることはありません。よって，貸宅地は100％自用地評価額により評価します（相当の地代通達8）。

評価財産	評価方法	相続財産計上方法
貸宅地	自用地評価額	貸宅地を相続財産に計上

⑶　借主法人の借地権相続時の評価方法

　土地の無償返還の届出書が提出されている場合の「貸宅地」の評価は，土地の契約が賃貸借か使用貸借かにより異なります。一方，土地の無償返還の届出書が提出されている場合の「借地権」の評価額は，土地の契約が「賃貸借契約」であっても「使用貸借契約」であっても原則としてゼロになります。これは，無償返還の届出を行うことにより，貸主借主双方が借地権としての財産価値がないことを認識していることを重視して評価に反映しているためです。

　使用貸借の場合は貸主個人が同族関係者となっている同族法人の株価評価を行う際も純資産価額に借地権を計上する必要はありません（相当の地代通達5）。

評価財産	評価方法	相続財産計上方法
借地権	0	相続財産への計上なし

6 無償返還の届出方式（賃貸借契約の場合）の相続時評価

【無償返還の届出方式（賃貸借契約の場合）の相続時評価】

	評価財産	貸主個人との関係	評価方法	相続財産計上方法
貸主個人	貸宅地	－	自用地評価額 × 80%	貸宅地を相続財産に計上
借主法人	借地権	同族関係者	自用地評価額 × 20%	借地権を株価評価上純資産価額に計上
		同族関係者以外	0	相続財産への計上なし

(1) 貸主個人の貸宅地相続時の評価方法

　無償返還の届出が提出され，かつ，土地の契約が「賃貸借契約」である場合には，土地所有者は土地を自由に使用することができず，土地の利用について相応の制約を受けていることを勘案し，自用地評価額から20％の借地権割合を控除した金額を貸宅地の価額とします（相当の地代通達8）。

評価財産	評価方法	相続財産計上方法
貸宅地	自用地評価額 × 80%	貸宅地を相続財産に計上

(2) 借主法人の借地権相続時の評価方法

　土地の無償返還の届出書が提出されている場合の「貸宅地」の評価は，土地の契約が賃貸借か使用貸借かにより異なります。

　一方，土地の無償返還の届出書が提出されている場合の「借地権」の評価は土地の契約が「賃貸借契約」であっても，「使用貸借契約」であっても0になります。これは，無償返還の届出を行うことにより，貸主，借主の双方が借地権としての財産価値がないことを認識していることを重視して，評価に反映しているためです。

ただし，貸主である個人が同族関係者となっている同族法人の株価評価を行う際には，自用地評価額の 20% を借地権として純資産価額に計上します（43 年直資 3 - 22 通達）。

　これは，同族関係者間においては，個人と法人を通じて 100% の土地評価とすることが，課税の公平上適正と考えられるためです。

評価財産	個人貸主との関係	評価方法	相続財産計上方法
借地権	同族関係者	自用地評価額 × 20%	借地権を 株価評価上純資産価額に計上
	同族関係者以外	0	相続財産への計上なし

9 相続時の評価方法 （貸主法人・借主個人の場合）

　借地権が設定されている土地の賃借人である個人に相続が発生した場合には，借地権に対して相続税が課税されます。

　一方，土地の貸主である法人は，底地権である貸宅地を所有していることになります。貸宅地は法人の株価評価における純資産の一部を構成します。法人の株主であるオーナーに相続があった場合は，当該株式に対して相続税が課税されます。

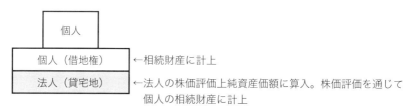

■1　権利金収受方式の相続時評価 ─────────────

【権利金収受方式の相続時課税】

	評価財産	評価方法	相続財産計上方法
貸主法人	貸宅地	自用地評価額 × （1 － 借地権割合）	貸宅地を 株式評価上純資産価額に計上
借主個人	借地権	自用地評価額 × 借地権割合	借地権を相続財産に計上

⑴　権利金収受方式の相続時の評価の考え方

　39頁■1⑴を参照してください。

⑵ 貸主法人の貸宅地相続時の評価方法

権利金収受方式の場合の貸宅地の評価額は，原則として自用地評価額から借地権の価額を控除して算出します（評基通 25）。

評価財産	評価方法	相続財産計上方法
貸宅地	自用地評価額 ×（1 － 借地権割合）	貸宅地を 株式評価上純資産価額に計上

この場合の「借地権割合」は原則として国税局が公表している路線価図や倍率表に表示されている 30%～ 90%の割合を使用します。

なお，借地権の設定時に権利金をやり取りする慣行のない地域の貸宅地は「自用地評価額× 80%」で評価します（評基通 25）。

⑶ 借主個人の借地権相続時の評価方法

権利金収受方式の場合の借地権の評価額は，原則として自用地評価額に「借地権割合」を乗じて算出します（評基通 27）。

評価財産	評価方法	相続財産計上方法
借地権	自用地評価額×借地権割合	借地権を相続財産に計上

なお，借地権の設定時に権利金のやりとりをする慣行がない地域の借地権は，評価を行いません（評基通 27）。

❷ 相当の地代の授受がある場合の相続時評価（設定時権利金なし）

【相当の地代方式の相続時課税】

	評価財産	評価方法	相続財産計上方法
貸主法人	貸宅地	自用地評価額 × 80%	貸宅地を株価評価上純資産価額に計上
借主個人	借地権	0	相続財産への計上なし

(1) 相当の地代方式の相続時の評価の考え方

41頁**2**(1)を参照してください。

(2) 貸主法人の貸宅地相続時の評価方法

課税時期において相当の地代を収受している場合は，借主は借地権の権利を持たないものとされるため，貸主側の貸宅地の評価も100％自用地評価額によるべきといえます。しかし，実際には，賃貸借契約に基づいてその土地の自由な使用について相応の制限を受けていることを勘案し，自用地評価額から20％を控除した金額を貸宅地の価額とします（相当の地代通達6）。

評価財産	評価方法	相続財産計上方式
貸宅地	自用地評価額 × 80％	貸宅地を株価評価上純資産価額に計上

(3) 借主個人の借地権相続時の評価方法

相当の地代は，土地全体に対して支払う「地代」であるため，借主に借地権が発生しているとは考えません。よって，課税時期において相当の地代の支払いがある場合には，借地権の価額はゼロになります（相当の地代通達3）。

なお，貸主が個人，借主が法人の場合，個人が同族関係者である同族法人に土地を貸している場合には，同族法人の株価評価上，自用地評価額の20％を借地権として計上する必要がありますが，貸主が法人の場合は，同族関係者である個人に土地を貸していても，自用地評価額の20％を借地権として借主個人の相続財産に計上する必要はありません。

評価財産	評価方法	相続財産計上方法
借地権	0	相続財産への計上なし

❸ 相当の地代の授受がある場合の相続時評価
（設定時一部権利金あり）

⑴ 貸主法人の貸宅地相続時の評価方法

　相当の地代のやりとりがあるものの，借地権の設定に際し，権利金を一部収受していたり，特別な経済的利益を受けている場合の貸宅地の評価は，自用地評価額から一定の算式により求めた借地権の価額を控除して算出します。ただし，これにより算出した金額が自用地評価額の80％を超える場合は「自用地評価額×80％」を貸宅地の評価額とします（相当の地代通達6）。

<貸宅地評価額>

① 自用地評価額－借地権価額（※）×$\left(1 - \dfrac{実際の地代－通常の地代}{相当の地代－通常の地代}\right)$　　①，②のいずれ
　（※）自用地評価額×借地権割合　　　　　　　　　　　　　　　　　　　　か少ない金額を
② 自用地評価額 × 80％　　　　　　　　　　　　　　　　　　　　　　　　採用

（※1）　相当の地代は，実際に支払っている権利金等があってもその金額がなかったものとして計算した金額
（※2）　通常の地代の金額は過去3年間の自用地評価額×（1－借地権割合）×6％によることも認められています。

⑵ 借主個人の借地権相続時の評価方法

　相当の地代のやりとりがあるものの，借地権の設定に際し，権利金を一部収受していたり，特別な経済的利益を受けている場合の借地権の評価は，以下の算式により求めます（相当の地代通達3）。

<借地権評価額>

自用地評価額 × 借地権割合 × $\left(1 - \dfrac{実際の地代－通常の地代}{相当の地代－通常の地代}\right)$

4 相当の地代に満たない地代の授受がある場合の相続時評価

【相当の地代に満たない地代の授受がある場合の相続時評価】

	評価財産	評価方法	相続財産計上方法
貸主法人	貸宅地	$自用地評価額 - \left\{ 自用地評価額 \times 借地権割合 \times \left(1 - \dfrac{実際の地代 - 通常の地代}{相当の地代 - 通常の地代} \right) \right\}$ ※自用地評価額 × 80％超の場合には 80％	貸宅地を株価評価上純資産価額に計上
借主個人	借地権	$自用地評価額 \times 借地権割合 \times \left(1 - \dfrac{実際の地代 - 通常の地代}{相当の地代 - 通常の地代} \right)$	借地権を相続財産に計上

⑴ 相当の地代に満たない地代の授受がある場合の評価の考え方

44 頁**4**⑴を参照してください。

⑵ 貸主法人の貸宅地相続時の評価方法

　課税時期に収受している地代が通常の地代を超えているものの，相当の地代に満たない地代の場合，評価時点において，借主が経済的利益として受けた借地権の価額を自用地評価額から控除して貸宅地の評価額を算出します。具体的には，評価時点において収受している実際の地代が相当の地代に近い程，控除する借地権の価額は小さくなり，通常の地代に近い程，借地権の価額は大きくなります。これを算式に示すと以下の通りとなります。ただし，算出した価額が自用地評価額の 80％を超える場合には，自用地評価額× 80％で評価します（相当の地代通達 7）。

<＜貸宅地評価額＞>

＜貸宅地評価額＞

① 自用地評価額－借地権価額（※）×$\left(1 - \dfrac{実際の地代－通常の地代}{相当の地代－通常の地代}\right)$
（※）自用地評価額×借地権割合

② 自用地評価額 × 80％

①，②のいずれか少ない金額を採用

（※１） 相当の地代は，実際に支払っている権利金等があってもその金額がなかったものとして計算した金額
（※２） 通常の地代の金額は過去３年間の自用地評価額×（１－借地権割合）×６％によることも認められています。

⑶ 借主個人の借地権相続時の評価方法

　課税時期において支払っている地代が通常の地代を超えているものの，相当の地代に満たない地代の場合の借地権は，以下の算式により評価します（相当の地代通達４）。評価時点において支払っている実際の地代が相当の地代に近い程，借地権の価額は小さくなり，通常の地代に近い程，借地権の価額は大きくなります。つまり，評価時点において借主が経済的利益として受ける借地権の価額を相続財産に計上することになります。

＜借地権評価額＞

自用地評価額 × 借地権割合 × $\left(1 - \dfrac{実際の地代－通常の地代}{相当の地代－通常の地代}\right)$

　なお，貸主が個人，借主が法人で，同族関係者である同族法人に土地を貸している場合には，この算式により算出した金額が自用地評価額の20％未満の場合には自用地評価額の20％を借地権として計上する必要がありますが，貸主が法人の場合は，同族関係者である個人に土地を貸していても，自用地評価額の20％を借主個人の相続財産に借地権として計上する必要はありません。

5 無償返還の届出方式（使用貸借契約の場合）の相続時評価

【無償返還の届出方式（使用貸借契約の場合）の相続時評価】

	評価財産	評価方法	相続財産計上方法
貸主法人	貸宅地	自用地評価額	貸宅地を株価評価上純資産価額に計上
借主個人	借地権	0	相続財産への計上なし

(1) 無償返還の届出書方式の評価の考え方

46頁 5 (1)を参照してください。

(2) 貸主法人の貸宅地相続時の評価方法

無償返還の届出書が提出され，かつ，土地の契約が「使用貸借契約」である場合には借地借家法等の適用がなく，土地所有者は，土地の利用について何ら制約を受けることはありません。よって，貸宅地は100％自用地評価額により評価します（相当の地代通達8）。

評価財産	評価方法	相続財産計上方法
貸宅地	自用地評価額	貸宅地を株価評価上純資産価額に計上

⑶ 借主個人の借地権相続時の評価方法

　土地の無償返還の届出書が提出されている場合の「貸宅地」の評価は，土地の契約が賃貸借か使用貸借かにより異なります。

　一方，土地の無償返還の届出書が提出されている場合の「借地権」の評価額は，土地の契約が「賃貸借」であっても「使用貸借」であってもゼロになります。

　これは，無償返還の届出を行うことにより，貸主借主双方が借地権に財産価値がないことを認識していることを重視して評価に反映しているためです。

評価財産	評価方法	相続財産計上方法
借地権	0	相続財産への計上なし

6　無償返還の届出方式（賃貸借契約の場合）の相続時評価

【無償返還の届出方式（賃貸借契約の場合）の相続時評価】

	評価財産	評価方法	相続財産計上方法
貸主法人	貸宅地	自用地評価額 × 80%	貸宅地を株価評価上純資産価額に計上
借主個人	借地権	0	相続財産への計上なし

⑴　貸主法人の貸宅地相続時の評価方法

　無償返還の届出が提出され，かつ，土地の契約が「賃貸借契約」である場合には，土地所有者は土地を自由に使用することができず，土地の利用について相応の制約を受けているものと考えられます。このことを勘案し，貸宅地の評価は自用地評価額から20％の借地権割合を控除して算出します（相当の地代通達8）。

土地の契約形態	賃貸借契約	使用貸借契約
評価方法	自用地評価額 × 80%	自用地評価額 × 100%

⑵ 借主個人の借地権相続時の評価方法

　土地の無償返還の届出書が提出されている場合の「貸宅地」の評価は，⑴の通り，土地の契約が賃貸借か使用貸借かにより異なることになります。

　一方，土地の無償返還の届出書が提出されている場合の「借地権」の評価は土地の契約が「賃貸借契約」であっても，「使用貸借契約」であってもゼロになります。これは，無償返還の届出を行うことにより，貸主，借主の双方が借地権としての財産価値がないことを認識していることを重視して，評価に反映しているためです。

　なお，貸主が個人，借主が法人で同族関係者である同族法人に土地を貸している場合には，同族法人の株価評価上，自用地評価額の20％を借地権として計上する必要がありますが，貸主が法人の場合は，同族関係者である個人に土地を貸していても，自用地評価額の20％を借地権として借主個人の相続財産に計上する必要はありません。

評価財産	評価方法	相続財産計上方法
借地権	0	相続財産への計上なし

10 借地権譲渡時の課税

1 譲渡益に対する課税

　借地権を譲渡した場合には，譲渡した者が個人の場合には譲渡益に対して「譲渡所得税」が課税され，法人の場合には「法人税」が課税されます。

　借地権の譲渡に係る譲渡所得税と法人税は，以下の算式により算定します。

> ＜譲渡所得税の計算式＞
> 　　　譲渡収入 －（取得費＋譲渡費用）＝ 譲渡所得
> 　　（譲渡所得 － 特別控除額）× 税率 ＝ 譲渡所得税

> ＜法人税の計算式＞
> 　　　譲渡収入 －（取得費＋譲渡費用）－ 特別控除額 ＝ 固定資産売却益
> 　　（固定資産売却益 ＋ 事業年度中の他の課税所得）× 税率 ＝ 法人税

　このように，譲渡収入からその収入を得るために支出した費用を差し引いた金額に税率を乗じて，納めるべき税金が計算されます。

2 取得費

(1) 個人が借地権を譲渡した場合の取得費

① 個人が借地権を譲渡した場合の取得費

　個人が借地権を譲渡した場合に譲渡収入から控除される主な取得費は29頁の表を参照してください。

② 個人が借地権を譲渡した場合の概算取得費（措法31の４）

　借地権が古くから設定されている場合には取得費を把握することが困難なことが想定されます。このように個人が借地権を譲渡する場合において，借地権の「取得費」が不明な場合や実際の取得費が譲渡収入の５％未満の場合には，その取得費を「譲渡収入×５％」とすることが認められています。

③ 取得費の引継ぎ（所法60）

　借地権を贈与，相続又は遺贈により取得した場合には，その取得費は，贈与者又は被相続人の取得費と取得時期を引き継ぐこととなります。

　ただし，相続又は遺贈が限定承認によるものであるときは，相続又は遺贈があった時の時価が借地権の取得費とされます。

④ 相続税額の取得費加算の特例（措法39）

　取得費加算の特例とは，相続又は遺贈により取得した土地，建物，株式等を一定期間内に譲渡した場合に，相続税のうち一定金額を譲渡資産の取得費に加算することができるというものです。この特例は，更地だけではなく借地権にも適用可能で，借地権を相続又は遺贈により取得した個人が，以下の要件を満たす借地権の譲渡をした場合には，その借地権に係る相続税額を取得費に加算することができます。

適用要件	①	相続や遺贈により借地権等を取得した者であること
	②	借地権等を取得した人に相続税が課税されていること
	③	借地権を，相続開始のあった日の翌日から相続税の申告期限の翌日以後３年を経過する日までに譲渡していること

この取扱いは，相続等により更地を取得した後に譲渡所得の起因となる借地権の設定がされた場合にも適用することができます。

取得費に加算することができる金額は，以下の算式により算出します。

$$
借地権等を取得した者の相続税額 \times \frac{相続税の課税価格の計算の基礎とされた借地権等の譲渡資産の相続税評価額}{借地権等を取得した者の相続税の課税価格 + 借地権等を取得した者の債務控除額}
$$

なお，算出した金額が譲渡益の金額を超えるときはその譲渡益の金額を限度とします。つまり，譲渡所得がマイナスになることはありません。

⑵ 法人が借地権を譲渡した場合の取得費

法人が借地権を譲渡した場合の取得費として損金に算入する主なものは16頁の表を参照してください。

3 譲渡費用

⑴ 個人が借地権を譲渡した場合の譲渡費用

借地権等の売却に直接かかった費用は譲渡費用として，譲渡収入から差し引くことができます。個人が借地権を譲渡した場合に譲渡費用となる主なものは次の通りです。

個人が借地権を譲渡した場合の譲渡費用の主な例示
・借地権の譲渡のために支払った仲介手数料等（所基通 33-7） ・借家人を立ち退かせるための立退料（所基通 33-7） ・建物等の取壊しに要した費用（その建物等の取壊しが借地権の譲渡のために行われたものであることが明らかであるときは，その建物等の損失の金額）（所基通 33-7, 8） ・当初の借地契約を解除したことに伴い支出した違約金その他譲渡価額を増加させるために支出した費用（所基通 33-7） ・その他借地権の譲渡のために直接要した費用（印紙代等）

なお，固定資産税等の借地権の維持又は管理のために要した費用は，譲渡費用に含まれません。

⑵　法人が借地権を譲渡した場合の譲渡費用

法人が借地権を譲渡した場合の譲渡費用について，法令上の例示は特段されておらず，法人税法22条3項1号（損金の意義）「当該事業年度の売上原価，完成工事原価その他これらに準ずる原価の額」に該当するかを判断することとなります。

この「その他これらに準ずる原価の額」には，譲渡費用が含まれ，借地権の譲渡収入を得るために支出した仲介手数料や立退料等が該当するものと考えられます。

4　課税の特例 ─────────────

土地を譲渡した場合に適用される課税の特例の制度は，土地の上に存する権利である借地権を譲渡した場合にも適用を受けることができます。個人，法人の別に適用可能な主な規定は次のとおりです。

⑴　個人が借地権を譲渡した場合の所得税の課税の特例

所得税（個人が借地権を譲渡した場合）の特例	
①	居住用財産を譲渡した場合の3,000万円の特別控除（措法35）
②	居住用財産の買換えの特例（措法36-2）
③	事業用資産の買換えの特例（措法37）
④	収用交換等の場合の課税の特例（措法33-4）
⑤	特定土地区画整理事業等のために土地等を譲渡した場合の2,000万円の特別控除（措法34）
⑥	特定住宅地造成事業等のために土地等を譲渡した場合の1,500万円の特別控除（措法34-2）（※）譲渡所得とみなされる借地権の設定については適用できません（措法34-3）。
⑦	特定の土地の長期譲渡所得の1,000万円の特別控除（措法35-2）
⑧	固定資産の交換の場合の課税の特例（所法58）

⑵　法人が借地権を譲渡した場合の法人税の課税の特例

法人税（法人が借地権を譲渡した場合）の特例
① 収用交換地等の場合の課税の特例（措法 64, 65–2）
② 特定土地区画整理事業等のために土地等を譲渡した場合の所得の特別控除（措法 65–3）
③ 特定住宅地造成事業等のために土地等を譲渡した場合の所得の特別控除（措法 65–4）　平成 21 年 1 月 1 日から平成 22 年 12 月 31 日までの間に取得した土地等の所得の特別控除（措法 65–5–2）
④ 固定資産の交換の場合の課税の特例（法法 50）
⑤ 事業用資産の買換えの特例（措法 65–7）

5　税率

⑴　個人が借地権を譲渡した場合の所得税の税率

①　所得税の税率

　個人が借地権を譲渡した場合の譲渡所得は，譲渡資産の所有期間により，「短期譲渡所得」と「長期譲渡所得」に区分されます。それぞれの区分毎に定められた一定の税率を乗じて税額を算出します。

譲渡区分			所得税	住民税	復興特別所得税
原則	短期譲渡所得（譲渡した年の 1 月 1 日において所有期間が 5 年以下）		30%	9%	2.1%(※)
	長期譲渡所得（譲渡した年の 1 月 1 日において所有期間が 5 年超）		15%	5%	
例外	10 年以上保有する居住用財産を譲渡した場合の長期譲渡所得の課税の特例	6,000 万円超	15%	5%	
		6,000 万円以下	10%	4%	
	収用等又は国等へ土地等を譲渡した場合の短期譲渡所得の税率の特例		15%	5%	
	優良住宅地の造成等のために土地等を譲渡した場合の長期譲渡所得の課税の特例	2,000 万円超	15%	5%	
		2,000 万円以下	10%	4%	

※　平成 25 年から令和 19 年までは復興特別所得税として所得税額の 2.1%を併せて申告・納付することとなります。

② 借地権の取得の日

　借地権の取得の日は，原則として借地権を設定により取得した場合にはその設定日とし，他から購入した場合には借地権の引渡日とされています。ただし，他から購入した場合には，納税者の選択により借地権の売買契約の効力発生日を取得の日とすることが認められています（所基通33－9，36－12）。

　また，借地権を贈与，相続又は遺贈により取得した場合には，その取得の日は，贈与者又は被相続人の取得の日を引き継ぐこととなります。

　ただし，相続又は遺贈が限定承認によるものであるときは，相続又は遺贈があった日が借地権の取得の日となります（所法60）。

取得方法	原則	例外
設定により取得	設定の日	－
他から購入により取得	引き渡しの日	売買契約の効力発生日
贈与，相続又は遺贈により取得	贈与者又は被相続人の取得日	相続・遺贈が限定承認の時は相続遺贈の日

③ 借地権の譲渡の日

　借地権の譲渡の日は，原則として借地権の引渡日とされていますが，納税者の選択により借地権の売買契約の効力発生日を譲渡の日とすることが認められています（所基通36－12）。

⑵ 法人が借地権を譲渡した場合の法人税の税率

法人税は，法人区分に応じて課税所得に以下の税率を乗じて算出します。

法人税の税率			
法人区分		課税所得金額	税率
普通法人	資本金1億円以下	年800万円以下の部分	15%(19%)
		年800万円超の部分	23.2%
	資本金1億円超・相互会社		23.2%

※1　表中の各区分の税率は平成31年4月以後開始事業年度の税率となります。
※2　資本金5億円以上である法人等による完全支配関係がある普通法人等については課税所得金額が年800万円以下であっても税率は，23.2%となります。
※3　表中括弧書の税率は，平成31年4月1日以後は適用除外事業者（過去3年平均の所得金額が15億円超の法人）に対して適用されます。
※4　表中の法人税の他，地方法人税，法人事業税，法人事業税，地方法人特別税，法人住民税を併せて申告・納付することとなります。

⑥　土地を一括譲渡する場合の収入の帰属

個人と同族法人との間で貸借している土地を一括譲渡する場合において受け取る「譲渡収入」は，借地権の設定方式により収入の帰属先（誰の収入となるか）が異なります。これをまとめると以下の通りとなります（法基通13－1－15）。

【例】

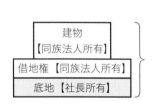

・借地権割合　60%
・権利金の認定課税は行われていない。
・更地価額の60%が借地権の適正時価

借地権の設定方式			土地の譲渡収入の帰属割合	
			借主 借地権	貸主 底地権
権利金 収受方式	通常の権利金を収受 （借地権割合60%の場合）	－	60%	40%
相当の 地代方式	地代改訂方式又は 相当の地代を収受	－	0%	100%
	地代据置方式により 地代を収受 （借地権割合60%の場合）	相当の地代 ＞ 支払地代 ＞ 通常の地代 （※1）	（※2）	土地譲渡 収入－ （※2）
		支払地代 ≦ 通常の地代 （※1）	60%	40%
無償返還の届出方式		－	0%	100%

（※1） 通常の地代とは，通常の権利金を支払った場合に，その土地の価格に応じて通常支払われる地代のことをいいます。

（※2） 算式

$$土地の更地価額 \times \left[1 - \frac{実際に収受している地代の年額}{相当の地代の年額} \right]$$

算出された金額が，通常の取引される借地権の価額を超える場合には，通常取引される価額を借地権の譲渡価額とします。

（※3） 建物部分は，100%同族会社所有のため，建物譲渡収入の全額が同族会社に帰属することになります。

　借地権を権利金収受方式により設定している場合には，通常の権利金を支払うことによって借主は借地権を取得することになるため，通常の権利金に相当する部分の譲渡収入は借主の収入となります。一方，借地権を相当の地代改訂方式（相当の地代の支払いがある場合を含む）又は無償返還の届出方式により設定している場合には，借主に借地権が移転しているとは考えません。したがって，借主に帰属する収入はなく，譲渡収入として認識する借地権の金額はゼロとなります。

　相当の地代据置方式により借地権を設定している場合には，時の経過による地価の上昇により，譲渡時点での支払地代の額が，相当の地代の水準を下回っている可能性があります。

この場合，地代率の低下に応じて自然発生的に借地権が借主に帰属していくと考えられるため，相当の地代改訂方式と異なり，借地権の譲渡収入はゼロとはなりません。自然発生的に生じた借地権の対価を受け取る必要が生じます。

　そのため，上記（※2）の算式により算出した借地権の譲渡収入が借主に帰属することとなります。

11 借地権返還時の課税

　土地の賃借契約は，存続期間の満了・当事者双方の合意による契約解除・権利放棄・地主側の解除権の行使などによって終了し，借地権が消滅します。借地権の消滅によって，借主から貸主に借地権が返還され，借主は土地の使用収益権を失い，貸主は自ら土地を使用収益する権利を回復させることになります。

(1)　借地権の有償返還

　借地権設定時に権利金を収受する取引慣行のある地域では，借地権の消滅時においても，貸主から借主に対して借地権相当額の「立退料」が支払われます（以下，「有償返還」という）。

　借地権返還時には，借主から貸主に借地権の財産権が移転し，対価として立退料が支払われるため，税務上は「借地権の譲渡」として取り扱われます。そのため借地権の返還により借主が受け取る立退料は，借地権の譲渡対価として課税されることになります。

(2)　借地権の無償返還

　借主が借地権の返還に際して適正な立退料を受け取らなかった場合（以下，「無償返還」という）において，借主が法人であるときは，原則立退料相当額の認定課税が行われます（法基通13 – 1 – 14）。借主が個人であるときは，貸主が法人である場合に限り立退料相当額のみなし譲渡があったものとして課税されます（所法59 – 1）。

　個々の事情によっては，借主から立退料の権利が主張されず，借地権が無償で返還されることもあり得ます。そのため，次に掲げる理由がある場合は，税務上借地権の無償返還が認められています（法基通13 – 1 – 14）。

【借地権の無償返還が認められる場合】

①	**無償返還届出書を税務署に提出済みであり，次のいずれかに該当する場合** ㈠　借地権の設定時の契約書等で，将来借地を無償で返還することが定められている場合 ㈡　その土地の使用が使用貸借契約によるものである場合
②	**そもそも借地権が発生していない場合** 土地の使用目的が，単に物品置場，駐車場などとして土地を更地のまま使用し，又は仮営業所，仮店舗等の簡易な建物の敷地として使用するものである場合
③	**民法上の借地権が返還前に消滅等している場合** 借地上の建物が著しく老朽化したことその他これに類する事由により，借地権が消滅し，又は，これを存続させることが困難であると認められる事由が生じた場合
④	**借地権の設定時に権利金の支払いがなく，相当の地代の支払いがある場合** 相当の地代の支払いがある場合や，相当の地代の改訂届出書において改訂方式を選択している場合

12 借地権返還時の課税 （貸主個人・借主法人の場合）

1 権利金収受方式の借地権返還時の課税

	発生する収入費用	税務上の取扱い	内容
貸主個人	支払立退料	課税関係なし	支払金額が「土地」の取得費となる。
借主法人	立退料収入	益金算入	適正な立退料収入を益金に計上。 借地権の帳簿価額を損金に計上。

(1) 適正な立退料

　借地権設定時に通常の権利金の支払いがあった場合の適正な立退料の額は，通常の借地権の取引において適用される借地権の価額になります。一般には次の算式で算定されることが多いものと思われます。

$$適正な立退料 = \frac{土地の更地価格}{（通常の取引価額）} \times 借地権割合$$

　上記算式中の借地権割合は，国税当局が路線価図等において公表している割合になります。この借地権割合は，相続税の財産評価をするために一定の地域ごとに設定された標準的な割合であり，土地毎の個別的要因は加味されていないため，第三者間の取引においては参考値として利用される程度に留まります。よって，適切な鑑定評価等によって算定された立退料を使用することも適正な立退料として当然に認められています。

⑵ 貸主個人の借地権返還時の課税

① 有償返還の場合

貸主である個人が支払った立退料は，土地の上に存する権利である借地権を取得する対価として土地の取得価額となります。

② 無償返還の場合

立退料の取引慣行があるにもかかわらず，適正な立退料の支払いがない場合（11記載の無償返還が認められる場合を除きます）は，適正な立退料を負担せず借地権の返還を受けたことになるため，借地権相当額の経済的利益に対して認定課税が行われます。この場合の所得区分は，法人借主との関係性により，一時所得・給与所得等となります。

課税所得区分	法人との関係性	認定課税額の計算方法
一時所得	関係性なし	①適正な立退料の額
給与所得	法人の従業員	②実際に受取った立退料の額
給与所得	法人の役員	①－②＝立退料の認定課税額

⑶ 借主法人の借地権返還時の課税

① 有償返還の場合

借主である法人が借地権の対価として適正な立退料を収受した場合には，立退料は，借地権の譲渡価額として益金に算入されると共に，借地権の帳簿価額は損金の額に算入され，その差額が課税所得となります。

【例】立退料1,500万円，借地権の帳簿価額1,000万円の場合

現金預金（受取立退料）1,500万円	借地権　　1,000万円 譲渡益　　　500万円　差額が課税所得となる

借地権は「土地の上に存する権利」として不動産の譲渡となりますので，一定の要件を満たす場合には，資産の買換による特例や交換の特例等の適用を受けることも可能です。

② 無償返還の場合

　立退料の取引慣行があるにもかかわらず，適正な立退料の受取りがない場合（11記載の無償返還が認められる場合を除きます）は，貸主個人に対して立退料相当額の寄附等が行われたものとして，「適正な立退料」と「実際に収受した立退料」との差額に対して認定課税が行われます（法基通13－1－14）。これは，借主である法人は経済合理性を優先すべきところ，これを放棄したのであるから，本来収受すべき立退料に対して課税する，という考え方に基づくものです。

借方（いずれか）	貸方	認定課税額の計算方法
寄附金 給与・賞与	立退料収入	①適正な立退料の額 ②実際に受取った立退料の額 ①－②＝立退料の認定課税額

借方科目	法人との関係性	借主法人の税務処理
寄附金	関係性なし	一定限度額を超える部分は損金不算入となり所得金額が増加
給与	法人の従業員	損金算入
賞与	法人の役員	損金不算入（定期同額給与でも事前届出確定給与でもない）となり所得金額が増加

❷　相当の地代方式の借地権返還時の課税

	地代の改訂方法	税務上の取扱い
貸主個人	改訂方式・相当の地代	立退料の支払いなく課税関係なし
	据置方式	借主の認定課税分が一時所得・給与所得等
借主法人	改訂方式・相当の地代	立退料の支払いなく課税関係なし
	据置方式	適正な立退料に対し認定課税

(1)　借主法人の借地権返還時の課税

①　適正な立退料

　借地権設定時に権利金に代えて相当の地代を収受していた場合の適正な立退料は，次のいずれかにより算定されます。

相当の地代		適正な立退料
改訂方式・相当の地代支払有	－	原則0円 設定時に権利金の支払いがある場合，設定時の権利金の額に見合う額
据置方式（中途半端な値上げをしている場合を含む）	通常の地代 < 実際の地代 < 相当の地代の場合	返還時の土地の更地価格（通常の取引価額）$\times\left(1-\dfrac{\text{実際の地代の年額}}{\text{相当の地代の年額}}\right)$
	実際の地代 ≦ 通常の地代 < 相当の地代の場合	土地の更地価格（通常の取引価額）$\times$ 借地権割合

②　相当の地代改訂方式の場合

　相当の地代を改訂する旨の届出書を提出している場合や，実際に相当の地代の支払いがある場合は，返還時においても相当の地代が維持されているため，借主に帰属する借地権の価額はゼロとなります。よって，返還に当たって立退料の支払いが無くとも課税上問題はありません。

　ただし，相当の地代の支払いがある場合であっても，借地権設定時に権利金の一部のやりとりがあった場合は，権利金の額に見合う立退料を支払うことになると考えられます。

③　相当の地代据置方式の場合

　相当の地代を改訂する旨の届出書を提出していない場合，地価の上昇に応じて地代が改訂されていないため，実際の支払地代額が相当の地代額に満たず，借主は相当の地代より低い金額で土地を借りていることになります。借主に借地権が生じることになるため，適正な立退料相当額の支払いがない場合は認定課税の問題が生じます。

(i) 通常の地代＜実際の地代＜相当の地代の場合，借地人に自然発生的に借地権が生じることになるため，次の算式により計算した借地権が適正な立退料になります。

$$
返還時の土地の更地価格 \times \left(1 - \frac{実際の地代の年額}{相当の地代の年額} \right)
$$

(ii) 実際の地代≦通常の地代＜相当の地代の場合，借地人は既に借地権を全面的に取得しているものと考えられるため，適正な立退料は通常の借地権の価額になります。

$$
返還時の土地の更地価額 \times 借地権割合
$$

(2) 貸主個人の借地権返還時の課税

① 相当の地代改訂方式の場合

相当の地代を改訂する旨の届出書を提出している場合や，実際に相当の地代の支払いがある場合は，借主に帰属する借地権の価額はゼロになります。よって返還時に支払う立退料もなく，課税関係は生じません。

② 相当の地代据置方式の場合

相当の地代据置方式で借地権の無償返還をした場合，⑴③の通り借主法人に対して適切な立退料相当額の認定課税が行われることになります。結果として，貸主個人に対しても一時所得，給与所得等の課税が行われることになります。

❸ 無償返還の届出方式の借地権返還時の課税 ─────

	立退料の支払い	税務上の取扱い
貸主個人	なし	課税関係なし
借主法人	なし	課税関係なし

　無償返還の届出書を提出している場合は，借地権の価額はゼロとなり，借地権の無償返還が認められます。よって，立退料は発生せず，課税関係も生じません。

13 借地権返還時の課税
（貸主法人・借主個人の場合）

■1 権利金収受方式の借地権返還時の課税

	発生する収入費用	税務上の取扱い	内容	適正な立退料の支払いがない場合
貸主法人	支払立退料	課税関係なし	①次のいずれか多い金額を土地の帳簿価額に加算 (イ) 立退料として支払った金額 (ロ) 借地権設定時に土地の帳簿価額のうち損金算入した金額がある場合はその金額 ②「借地権設定時に損金算入した土地の帳簿価額」が「立退料」より多い場合は，差額を益金算入	受贈益課税なし 設定時の損金算入額を帳簿価額に加算
借主個人	立退料収入	譲渡所得	譲渡所得 ＝立退料収入－（取得費＋譲渡費用）	「実際の立退料収入」が「適正な立退料額の2分の1未満」の場合は，「時価」で借地権の譲渡があったものとして譲渡所得課税される。

⑴ 貸主法人の借地権返還時の課税

① 有償返還の場合

　貸主である法人が借地権の返還時に支払った立退料は，土地の取得価額に加算することになります。借地権の設定時に土地の帳簿価額の一部を損金に算入している場合は，「借地権設定時に土地の帳簿価額のうち損金算入した金額」と「支

76

払った立退料」の額を比較していずれか多い金額を土地の帳簿価額に加算します。

この処理は，借地権の返還により土地が更地の状態に戻るため，会計上も帳簿価額を元の状態に戻すことを趣旨としています。

この場合において，「借地権設定時に土地の帳簿価額のうち損金算入した金額」が「支払った立退料」より多い場合，差額は益金に算入されます。

【例】借地権設定時の損金算入額 1,500 万円，立退料 1,000 万円の場合

土地　1,500 万円	現金預金　1,000 万円（支払立退料） 雑　　益　　500 万円（※）

（※）　借地権設定時に土地の帳簿価額のうち損金に算入した金額－支払立退料

②　無償返還の場合

貸主法人が，借地権の返還の際に通常支払うべき立退料の一部又は全部を支払わなかったとしても，立退料について受贈益課税は行われません（法基通 13 - 1 - 16）。借地権の設定時に土地の帳簿価額のうち損金算入した金額を再度加算し，土地の帳簿価額を設定前の状態に回復させるのみとなります。

【例】借地権設定時の損金算入額 1,000 万円，立退料なしの場合

土地　1,000 万円	雑益 1,000 万円

⑵　借主個人の借地権返還時の課税

①　有償返還の場合

借地権の返還に伴い借主である個人が受け取った立退料は，借地権の譲渡に伴う対価として譲渡所得の収入金額となります。

譲渡所得の課税区分「短期」，「長期」の判定は，「借地権の設定時」から「譲渡日（引渡日又は契約締結日）」までの期間で判定します。

長期譲渡所得	譲渡した年の 1 月 1 日において所有期間が 5 年を超えるもの
短期譲渡所得	譲渡した年の 1 月 1 日において所有期間が 5 年以下のもの

借地権は「土地の上に存する権利」として不動産の譲渡となりますので，一定

の要件を満たした場合には，資産の買換えによる特例や交換の特例等の適用を受けることができます。

②　無償返還の場合

　借地権を無償で返還することにについて 11⑵に掲げる相当な理由がある場合を除き，立退料の取引慣行があるにもかかわらず適正な立退料の全部又は一部の受取りがなかった場合は，「みなし譲渡所得」に該当するかどうかの判断が必要になります。

　実際に支払われた立退料の額が，適正な立退料の額の2分の1に満たない金額である場合は，みなし譲渡課税の対象となります（所法 59，所令 169）。

　この場合，「実際に受け取った立退料の額」ではなく「適正な立退料の額」を譲渡収入として譲渡所得を計算することになります。実際に支払われた立退料の額が適正な立退料の額の2分の1以上の場合は，実際に受け取った額を譲渡収入として譲渡所得を計算します。

２　相当の地代方式の借地権返還時の課税

	地代の改訂方法	税務上の取扱い	内容
貸主法人	－	立退料の支払いがないため課税関係なし	支払った立退料があれば土地の取得価額に加算
借主個人	相当の地代（改訂方式）又は相当の地代の支払有	立退料の支払いがないため課税関係なし	受取った立退料があれば譲渡所得に計上
	相当の地代（据置方式）	適正立退料の2分の1未満の場合はみなし譲渡	－

⑴　貸主法人の相当の地代方式の課税関係

　相当の地代の支払いがある場合，借主に帰属する借地権はゼロとなり，返還に当たって立退料の支払いが行われることはありません。よって，返還時において課税関係が生ずることもありません。

　一方，相当の地代の支払いがある場合でも，借地権の設定時に権利金の一部の

やりとりがあった場合や，相当の地代未満の地代の場合には，借地権の一部が借主側に帰属していると考えられるため，立退料の支払いの問題が生じます。

しかし，貸主法人側では，借地権の返還の際に通常支払うべき立退料の一部又は全部を支払わなかったとしても，立退料について受贈益課税は行われません（法基通13-1-16）。借地権の設定時に土地の帳簿価額のうち損金に算入した金額を再度加算し，土地の帳簿価額を設定前の状態に回復させるのみとなります。

⑵ 借主個人の相当の地代方式の課税関係

① 相当の地代改訂方式の場合

相当の地代改訂方式の場合や実際に相当の地代の支払いがある場合は，返還時においても相当の地代が維持されているため，借主に帰属する借地権の価額はゼロとなります。よって，返還に当たって立退料の支払いが無いとしても課税上問題はありません。

ただし，相当の地代改訂方式であっても，借地権設定時に権利金の一部の授受があった場合は，権利金の額に見合う立退料を受け取るのが通常であると考えられます。この場合の課税は■⑵①と同様になります。

② 相当の地代据置方式の場合

相当の地代据置方式の場合は，地価の上昇に応じて地代の改訂が行われていないため，実際の支払い地代と相当の地代の間に差が生じ，その分借主側が低い地代で土地を借りていることになります。そのため，借主に借地権が一部移転した状態になり，返還時には立退料の支払いが必要となります。このような場合における適正な立退料は次のように算出します。

（ⅰ） 通常の地代＜実際の地代＜相当の地代の場合，借地人に自然発生借地権が生じることになるため，次の算式により計算した借地権が適正な立退料になります。

$$
返還時の土地の更地価格 \times \left(1 - \frac{実際の地代の年額}{相当の地代の年額} \right)
$$

(ii) 実際の地代≦通常の地代＜相当の地代の場合，借地人は既に借地権を全面的に取得しているものと考えられるため，適正な立退料は通常の借地権の価額になります。

> 返還時の土地の更地価額 × 借地権割合

収授する立退料の額は，譲渡所得として課税されることになります。収受する立退料の額が上記算式により計算した適正な立退料の額の2分の1に満たない金額である場合は，「みなし譲渡課税の対象」となります。この場合は，「実際に受け取った立退料の額」ではなく「適正な立退料の額」を譲渡収入として譲渡所得を計算することになります。

上記立退料のほか，借地権の返還に伴い借主に生ずる費用又は損失を補填に充てるために合理的な金額の支払いをすることも当然に認められます（法基通13－1－15）。

3 無償返還の届出方式の借地権返還時の課税

	発生する収入費用	税務上の取扱い
貸主法人	なし	課税関係なし
借主個人	なし	課税関係なし

借地権設定時に，将来土地を無償で返還することが契約に定められており，土地の無償返還の届出書が税務署に提出されている場合は，設定による借地権の財産権の移転はないものとされます。よって，契約が終了した場合も借地権価額がないものとして課税関係は生じません。

無償返還の届出方式による場合でも，借地権の返還に伴い借主に生ずる費用又は損失を補填に充てるために合理的な金額の支払いをすることは認められます。

第2章

借地権の問題解決事例
（貸主個人・借主法人）

事例 1 通常の権利金を授受する場合（権利金額が土地の時価の50%超）

設定時	設定中	相続時
通常の権利金 （譲渡所得）	通常の地代	通常の権利金

　オーナー経営者個人が所有している土地を，同族法人に賃貸しています。この場合の貸主個人及び借主法人の課税関係を教えてください。

・土地の時価　　　　10,000万円
・相続税評価額　　　8,000万円
・借地権割合　　　　60%
・実際の権利金額　　6,000万円
　　　　（通常の権利金）
・土地の取得価額　　3,000万円
・土地の底地価額　　4,000万円
・実際の地代　　　　年額240万円
　　　　（通常の地代）

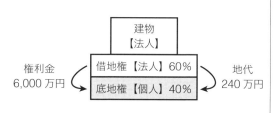

Point

☑ 　貸主個人が受け取った権利金額が土地の時価の50%を超えるため「譲渡所得」として課税されます。

☑ 　「自用地評価額×借地権割合」が借地権の相続税評価額となり，自用地評価額と借地権評価額の差額が貸宅地の相続税評価額になります。

1 設定時の課税関係 ──────────────

(1) 貸主個人の課税関係

　貸主個人が借地権設定の対価として受け取った権利金は，所得税法上の不動産所得，又は譲渡所得として課税されます。

① [STEP1] 権利金の所得区分の判定

　次の(i)又は(ii)のいずれかに該当する場合，受け取った権利金は譲渡所得となり，いずれにも該当しない場合は不動産所得となります。権利金額が土地の時価に対して高額になれば，実質的には土地の譲渡と同様の経済的効果が生じると考えられるためです。

(i) 土地の時価が明らかな場合

　権利金の額が，設定時の土地の時価の50%を超える場合は譲渡所得となります。本事例の場合，土地の時価が明らかで，権利金の額が土地の時価の50%を超えるため譲渡所得となります。

　　権利金の額　　　土地の時価
　　6,000万円　＞　10,000万円　×　50%　＝　5,000万円　∴譲渡所得

(ii) 土地の時価が明らかでない場合

　受け取った権利金の額が，地代年額の20倍を超える場合は譲渡所得となります。

　　　　権利金の額　＞　　地代年額　×　20の場合，譲渡所得

本事例の場合，地代の時価が明らかであるため，(i)により計算します。

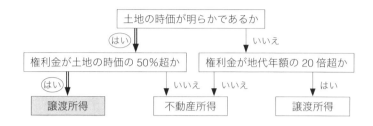

② [STEP2] 譲渡所得額の算出

譲渡所得は，受け取った権利金の額から譲渡費用や取得費を控除して算出します。本事例の場合，4,200万円が譲渡所得（分離課税）として課税されます。

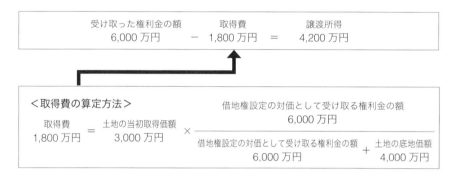

⑵ 借主法人の課税関係

借主である法人は，支払った権利金額6,000万円が借地権の取得価額になります。設定時には課税関係は生じません。

❷ 設定中の課税関係 ────────────

⑴ 貸主個人の課税関係

　貸主個人は，実際に受け取る地代240万円が所得税法上の不動産所得の収入金額になります。なお，本事例の場合は通常の地代を収受していますが，貸主が個人の場合は，実際に受け取る地代が通常の地代に満たない場合でも，地代が不足しているとして認定課税されることはありません。

（現金預金）240万円　／　（地代収入）240万円

⑵ 借主法人の課税関係

　借主法人は，実際に支払う地代の額240万円が法人税法上の損金となります。

（支払地代）240万円　／　（現金預金）240万円

---

❸ 相続時の課税関係 ────────────

⑴ 貸主個人の課税関係

　貸主個人に相続が発生した場合には，借地権が設定された土地の底地部分が貸宅地として相続税の課税対象になります。権利金収受方式により借地権が設定されている場合には，自用地評価額と借地権評価額の差額が貸宅地の評価額となり，「自用地評価額×（1－借地権割合）」により算定されます。

＜貸宅地の算定方法＞
　　自用地評価額　　　　　　　　　借地権割合　　　貸宅地評価額
　　8,000万円　×　（　1　－　60%　）　＝　3,200万円

⑵ 借主法人の課税関係

　法人の株式を所有している個人に相続が発生した場合には，法人が所有する借地権を法人の株価評価における純資産価額の計算において資産に加算します。法人株式はオーナー個人の相続財産となるため，相続税が課税されます。

＜借地権価額の算定方法＞

自用地評価額		借地権割合		借地権価額
8,000 万円	×	60%	=	4,800 万円

借地権　60%	4,800 万円	自用地評価額 100%
貸宅地　40%	3,200 万円	8,000 万円

事例 **2** 通常の権利金を授受する場合
（権利金額が土地の時価の 50％以下）

設定時	設定中	相続時
通常の権利金 （不動産所得）	通常の地代	通常の権利金

　オーナー経営者個人が所有している土地を，同族法人に賃貸しています。この場合の貸主個人及び借主法人の課税関係を教えてください。

・土地の時価　　　　10,000 万円
・相続税評価額　　　8,000 万円
・借地権割合　　　　40％
・実際の権利金額　　4,000 万円
　　　　　　　　　（通常の権利金）
・実際の地代　　　　年額 360 万円
　　　　　　　　　（通常の地代）

Point

- ☑　貸主個人が受け取った権利金額が土地の時価の 50％以下のため，「不動産所得」として課税されます。
- ☑　「自用地評価額×借地権割合」が借地権の相続税評価額となり，自用地評価額と借地権評価額の差額が貸宅地の評価額になります。

1 設定時の課税関係

(1) 貸主個人の課税関係

　貸主個人が借地権設定の対価として受け取った権利金は，所得税法上の不動産所得又は譲渡所得として課税されます。

① STEP1 権利金の所得区分の判定

　次の(i)又は(ii)のいずれかに該当する場合，受け取った権利金は譲渡所得となり，いずれにも該当しない場合は不動産所得となります。

(i) 土地の時価が明らかな場合

　権利金の額が，設定時の土地の時価の50%を超える場合は譲渡所得となります。本事例の場合，土地の時価が明らかで，権利金の額が土地の時価の50%以下のため不動産所得となります。

> 　　　権利金の額　　　　土地の時価
> 　　　4,000万円　≦　10,000万円　×　50%　＝　5,000万円　∴不動産所得

(ii) 土地の時価が明らかでない場合

　権利金の額が，地代年額の20倍を超える場合は譲渡所得となります。

> 　　　　　権利金の額 ＞ 地代年額 × 20 の場合，譲渡所得

　本事例の場合は土地の時価が明らかなため(i)により計算します。

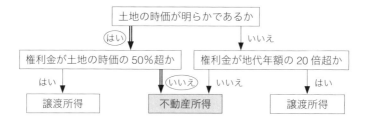

② 〔STEP2〕不動産所得額の算出

受け取った権利金の額4,000万円は不動産所得の収入金額になります。なお，土地を当初購入したときの取得費は資産として扱われるため必要経費にはなりません。不動産所得は総合課税の対象となる他の所得と合算し，累進税率により税額を計算します。

権利金の額		必要経費		不動産所得
4,000万円	－	0	＝	4,000万円

また，受け取った権利金が次の全ての要件を満たす場合には，権利金額を5年間で平均的に受け取ったとして計算する「臨時所得の平均課税」の適用を受けることができます。

(イ) 契約期間が3年以上である賃貸借契約により一時に受け取る権利金であること

(ロ) 権利金の額が，地代年額の2年分に相当する金額以上であること

(ハ) 臨時所得の額が総所得金額の20％以上であること

⑵ 借主法人の課税関係

借主である法人は支払った権利金額4,000万円が借地権の取得価額になります。設定時には課税関係は生じません。

2 設定中の課税関係 ─────────────────

(1) 貸主個人の課税関係

貸主個人は，実際に受け取る地代360万円が所得税法上の不動産所得の収入金額になります。なお，本事例の場合は通常の地代を収受していますが，貸主が個人の場合は実際に受け取る地代が通常の地代に満たない場合でも，地代の認定課税はありません。

（現金預金）360万円 ／ （地代収入）360万円	

(2) 借主法人の課税関係

借主法人は，実際に支払う地代の額360万円が法人税法上の損金となります。

（支払地代）360万円 ／ （現金預金）360万円	

3 相続時の課税関係 ─────────────────

(1) 貸主個人の課税関係

権利金収受方式により借地権が設定されている場合に，貸主個人に相続が発生した場合には，自用地評価額と借地権評価額の差額が貸宅地の評価額となり，「自用地評価額×（1−借地権割合）」により求めた貸宅地評価額4,800万円が相続税の課税対象になります。

自用地評価額		借地権割合	貸宅地評価額
8,000万円 × （ 1 − 40% ） = 4,800万円			

⑵　借主法人の課税関係

　法人の株式を所有している個人に相続が発生した場合には，法人が所有する借地権を法人の株価評価における純資産価額の計算上資産に加算します。借地権は，「自用地評価額×借地権割合」で求めます。法人株式は，オーナー個人の相続財産となるため，相続税が課税されます。

通常の権利金未満を収受し
相当の地代の支払いがある場合

オーナー経営者個人が所有している土地を，同族法人に賃貸しています。設定時は通常の権利金に満たない権利金を収受しています。地代は相当の地代以上としていますが課税上弊害はないでしょうか。

・土地の時価　　　　　10,000万円
・近傍類地の公示価額等
　　　　　　　　　　　9,000万円
・相続税評価額　　　　8,000万円
・相続税評価額の過去3年平均
　　　　　　　　　　　7,000万円
・借地権割合　　　　　　　60%
・通常の権利金額　　　6,000万円
・実際の権利金額　　　4,000万円
・実際の地代　　　年額420万円

建物
【法人】

通常の
権利金未満
4,000万円

借地権【法人】60%

底地権【個人】40%

相当の
地代以上
420万円

Point

☑　貸主個人はあくまで実際に受け取った金額を収入金額に計上するため，権利金の認定課税はありません。

☑　借主法人は通常の権利金未満の部分に対応する相当の地代の支払いがある場合は，権利金の認定課税は行われません。

☑　相当の地代の授受がある場合の相続時の貸宅地の評価額は自用地評価額の80%となります。借地権の評価額は原則として0になりますが，借地人が貸主個人の同族法人である場合は自用地評価額の20%になります。

(1) 貸主個人の課税関係

貸主個人は借地権設定時に実際に受け取った権利金4,000万円が，不動産所得又は譲渡所得として課税されます。個人の場合，通常の権利金未満の権利金しか収受していなかったとしても権利金の認定課税は行われません。所得税法上は，あくまで実際に受け取った金額に基づいて課税が行われるため，収受していない金額に対する課税はありません。

① [STEP1] 権利金の所得区分の判定

次の(i)又は(ii)のいずれかに該当する場合，受け取った権利金は譲渡所得となり，いずれにも該当しない場合は不動産所得となります。

〔ⅰ〕 土地の時価が明らかな場合

権利金の額が，設定時の土地の時価の50%を超える場合は譲渡所得となります。本事例の場合，土地の時価が明らかで，権利金の額4,000万円が土地の時価の50%以下のため不動産所得となります。

> 権利金の額　　　土地の時価
> 4,000万円　≦　10,000万円　×　50%　=　5,000万円　∴不動産所得

〔ⅱ〕 土地の時価が明らかでない場合

権利金の額が，地代年額の20倍を超える場合は譲渡所得となります。

> 権利金の額 > 地代年額 × 20 の場合，譲渡所得

本事例の場合は土地の時価が明らかなため(i)により計算します。

② ⌈STEP2⌋ 不動産所得額の算出

　受け取った権利金 4,000 万円は不動産所得の収入金額になります。なお，土地を当初購入したときの取得費は必要経費にはなりません。不動産所得は総合課税の対象となる他の所得と合算し，累進税率により税額を計算します。

権利金の額		必要経費		不動産所得
4,000 万円	−	0	=	4,000 万円

　また，借地権設定時に受け取った権利金が次の全ての要件を満たす場合には，権利金額を 5 年間で平均的に受け取ったとして計算する「臨時所得の平均課税」の適用を受けることができます。

(イ)　契約期間が 3 年以上である賃貸借契約により一時に受け取る権利金であること

(ロ)　権利金の額が，地代年額の 2 年分に相当する金額以上であること

(ハ)　臨時所得の額が総所得金額の 20％以上であること

⑵　借主法人の課税関係

　借主である法人は，通常の権利金に満たない権利金を支払った場合でも，相当の地代の支払いがあれば権利金の認定課税は行われません。一方，通常の権利金未満，かつ相当の地代未満の場合は借主である法人に対して，地代の認定課税ではなく権利金の認定課税が行われます。これは，権利金の支払いに代えて相当の地代方式を選択したにも関わらず相当の地代が不足しているならば，その不足に対応する部分は本来支払うべき権利金に相当すると考えるためです。したがって，法人が受けた経済的利益に着目し，権利金の認定課税が行われることになります。

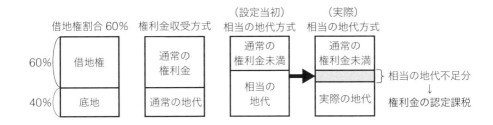

① [STEP1] 通常の権利金かどうかの判定

通常の権利金　　　実際の権利金
6,000 万円　　＞　　4,000 万円　　∴通常の権利金に満たない

② [STEP2] 相当の地代の判定

　実際に支払う権利金額が通常の権利金額より低い場合でも，次の算式により計算した相当の地代以上の地代の支払いがあれば権利金の認定課税は行われません（法基通13－1－2）。本事例の場合，実際の地代が相当の地代以上であるため，受贈益の認定課税は行われません。

　上記算式中の土地の更地価額は次の(i)～(iv)のいずれかの金額を使用することが認められています。

(ii)〜(iv)の価額を「土地の更地価額」として採用した場合は，上記算式中の「支払った権利金の額」を次の算式により修正します。相当の地代以上の地代の支払いがあれば権利金の認定課税が行われないため，本事例の場合，(iv)相続税評価額の過去３年平均が一番低く有利な値となるため更地価額として採用し，支払った権利金額を次の算式の通り修正します。

<権利金の修正>

$$\underset{4,000\,万円}{支払った権利金の額} \times \dfrac{\underset{7,000\,万円}{\overset{(ii)〜(iv)のうち採用した価額}{}}}{\underset{10,000\,万円}{\overset{土地の更地としての通常の取引価額}{}}} = 2,800\,万円$$

　この金額の修正は，支払った権利金を，取引価額ベースの金額から使用した評価額ベースの金額にあわせるために行います。

2　設定中の課税関係

(1)　貸主個人の課税関係

　貸主個人は，実際に受け取った地代 420 万円が所得税法上の不動産所得の収入金額になります。

（現金預金）420 万円　／　（地代収入）420 万円

　なお，適正な地代相場に比べ著しく高額な地代である場合は役員報酬として認定される可能性があるため注意が必要です。

(2)　借主法人の課税関係

　借主法人は，支払った地代 420 万円が法人税法上の損金となります。

（支払地代）420 万円　／　（現金預金）420 万円

❸ 相続時の課税関係 ―――――――――

⑴ 貸主個人の課税関係

　設定時の権利金の授受が不十分で，設定中に相当の地代を受け取っている場合の相続税評価額の算定方法を確認します。貸主個人に相続が発生した場合，設定時の権利金額の多寡にかかわらず，相続時点の地代の額を基に貸宅地の評価をすることになります。本事例の場合，相続税評価額の過去3年平均である「7,000万円×6％＝420万円」の地代の支払いがあるため，相当の地代を収受していることになります。相当の地代を収受している場合は，「自用地評価額×80％」により求めた貸宅地評価額6,400万円が相続税の課税対象とされます。

```
＜貸宅地評価額の算定方法＞
      自用地評価額                    貸宅地評価額
      8,000万円     ×    80％    ＝   6,400万円
```

⑵ 借主法人の課税関係

　課税時期において相当の地代の支払いがある場合の借地権の評価額は，原則としてゼロとなります。しかし，被相続人個人が同族関係者である同族法人に土地を貸している場合には，同族法人の株価評価上，自用地評価額の20％を借地権として純資産価額の計算上資産に計上することとなります。

```
＜借地権価額の算定方法＞
      自用地評価額                    借地権評価額
      8,000万円     ×    20％    ＝   1,600万円
```

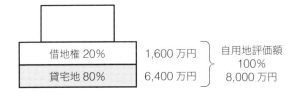

借地権20％　1,600万円　⎫ 自用地評価額
貸宅地80％　6,400万円　⎬ 100％
　　　　　　　　　　　 ⎭ 8,000万円

事例 **4** 通常の権利金未満を支払い，相当の地代未満の地代の支払いがある場合

設定時	設定中	相続時
権利金が低額	相当の地代未満	相当の地代未満

　オーナー経営者個人が所有している土地を，同族法人に賃貸しています。設定時は通常の権利金に満たない権利金を収受しています。地代の額は相当の地代未満ですが課税上弊害はないでしょうか。借地権の設定当初，相当の地代の改訂の届出書は提出していません。

・土地の時価　　　　　　　10,000万円
・近傍類地の公示価額等　　9,000万円
・相続税評価額　　　　　　8,000万円
・相続税評価額の過去3年平均
　　　　　　　　　　　　　7,000万円
・借地権割合　　　　　　　　　60%
・通常の権利金額　　　　　6,000万円
・実際の権利金額　　　　　4,000万円
・実際の地代　　　　　年額220万円
　　　　　　　　　　（通常の地代超）

```
通常の                        建物
権利金                      【法人】
未満      ┌──────────────┐
4,000万円 │借地権【法人】60%│  相当の
    ↘   ├──────────────┤  地代未満
         │底地権【個人】40%│  220万円
         └──────────────┘
```

Point

☑　貸主個人はあくまで実際に受け取った金額を収入金額を計算します。通常の権利金に満たない部分について権利金の認定課税はありません。

☑　一方，借主法人は通常支払うべき権利金に満たない権利金を支払う場合，本来支払うべき通常の権利金額を基に課税（権利金の認定課税）が行われることになります。権利金の認定課税を避けるためには相当の地代を支払う必要があります。

☑ 通常の地代＜実際の地代＜相当の地代の場合の借地権の相続税評価額は相当の地代と実際の地代との乖離分に対して借地権割合を調整して算出します。

1 設定時の課税関係

(1) 貸主個人の課税関係

貸主個人は借地権設定時に実際に受け取った権利金4,000万円が，不動産所得又は譲渡所得として課税されます。貸主が個人の場合は，通常の権利金未満の権利金しか収受していなかったとしても権利金の認定課税は行われません。所得税法では，あくまで実際に受け取った金額に基づいて課税が行われるため，実際に収受していない金額に対する課税はありません。

① STEP1 権利金の所得区分の判定

次の(i)又は(ii)のいずれかに該当する場合，受け取った権利金は譲渡所得となり，いずれにも該当しない場合は不動産所得となります。

(i) 土地の時価が明らかな場合

権利金の額が，設定時の土地の時価の50%を超える場合は譲渡所得となります。本事例の場合，土地の時価が明らかで，権利金の額が土地の時価の50%以下のため不動産所得として課税されます。

権利金の額　　土地の時価
4,000万円　≦　10,000万円　×　50%　＝　5,000万円　∴不動産所得

(ii) 土地の時価が明らかでない場合

権利金の額が，地代年額の20倍を超える場合は譲渡所得となります。

権利金の額 ＞ 地代年額 × 20 の場合，譲渡所得

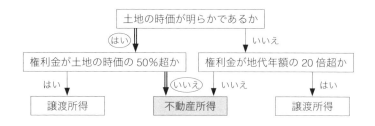

② STEP2 不動産所得額の算出

　受け取った権利金の額4,000万円が不動産所得の収入金額になります。なお，土地を当初購入したときの取得費は必要経費にはなりません。不動産所得は，総合課税の対象となる他の所得と合算し，税額を計算します。

権利金の額		必要経費		不動産所得
4,000万円	−	0	=	4,000万円

　また，受け取った権利金が次の全ての要件を満たす場合には，権利金額を5年間で平均的に受け取ったとして計算する「臨時所得の平均課税」の適用を受けることができます。

(イ) 契約期間が3年以上である賃貸借契約により一時に受け取る権利金であること

(ロ) 権利金の額が，地代年額の2年分に相当する金額以上であること

(ハ) 臨時所得の額が総所得金額の20％以上であること

⑵　借主法人の課税関係

　借主である法人は，通常の権利金に満たない権利金を支払った場合でも，相当の地代の支払いがあれば権利金の認定課税は行われません。一方，設定時の権利金額を前提とした相当の地代の支払いがない場合は権利金の認定課税が行われます。これは，権利金の支払いに代えて相当の地代方式を選択したにも関わらず相当の地代が不足しているならば，その不足に対応する部分は本来支払うべき権利

金に相当すると考えるためです。したがって法人が受けた経済的利益に着目し，権利金の認定課税が行われることになります。

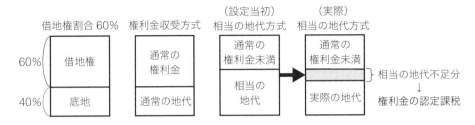

① STEP1 通常の権利金かどうかの判定

通常の権利金		実際の権利金	
6,000万円	＞	4,000万円	∴通常の権利金に満たない

② STEP2 相当の地代の判定

　実際に支払う権利金が通常の権利金より低い場合でも，次の算式により計算した相当の地代以上の地代の支払いがある場合は，権利金の認定課税は行われません（法基通13-1-2）。本事例の場合，実際の地代220万円が相当の地代252万円に満たないため，権利金の認定課税が行われます。

　上記算式中の土地の更地価額は次の(i)〜(iv)のいずれかの金額を使用することが認められています。

(ii)～(iv)の価額を「土地の更地価額」として採用した場合は，上記算式中の「支払った権利金の額」を次の算式により修正します。本事例の場合，権利金の認定課税額を少なくするため(iv)相続税評価額の過去3年平均である7,000万円を更地価額として採用し，支払った権利金額を次の算式の通り修正します。

<権利金額の修正>

$$
\underset{\text{4,000 万円}}{\text{支払った権利金の額}} \times \frac{\overset{\text{(ii)～(iv)のうち採用した価額}}{\text{7,000 万円}}}{\underset{\text{10,000 万円}}{\text{土地の更地としての通常の取引価額}}} = \text{2,800 万円}
$$

この修正は，支払った権利金の額を，取引価額ベースの金額から採用した評価額ベースの金額に修正するために行います。

③ STEP3 権利金の認定課税額の算出

支払う権利金が通常の権利金未満で，かつ，支払う地代も相当の地代未満の場合には，権利金の認定課税が行われます。本事例のように，当事者の一方が法人で「通常の地代＜実際の地代＜相当の地代」となっている場合，次の算式により算出した761万円が借主法人に対して受贈益として課税されます。

<認定課税額>

$$
\underset{\text{10,000 万円}}{\text{土地の更地価額（時価）}} \times \left(1 - \frac{\overset{\text{実際の地代}}{\text{220 万円}}}{\underset{\text{420 万円}^{(※)}}{\text{相当の地代}}} \right) - \underset{\text{4,000 万円}}{\text{実際の権利金額}} = \underset{\text{761 万円}}{\text{認定課税額}}
$$

（※）　相当の地代：7,000万円×6％＝420万円
　　算式中の「相当の地代」は，実際に権利金の支払いがある場合でも，この金額がないものとして計算した金額を用います。

本事例は差額権利金の認定課税を受けることになりますが，これを回避するためには，借地権の設定当初から相当の地代252万円を支払う必要があります。法人側に相当の地代を支払うだけの資金余力がない場合には，借地権設定時に権利金の授受を全く行わず，土地の無償返還の届出書を提出することで権利金の認定

課税を回避することができます。

2 設定中の課税関係

(1) 貸主個人の課税関係

貸主個人は，法人から実際に受け取る地代220万円が所得税法上の不動産所得の収入金額になります。なお，貸主個人は実際に受け取った地代に基づいて課税が行われるため，実際の地代が相当の地代に満たない場合でも，地代の認定課税はありません。

（現金預金）220万円 ／ （地代収入）220万円	

(2) 借主法人の課税関係

借主法人は，権利金の認定課税が行われることにより，実際の地代が適正な地代として扱われます。よって，実際の地代220万円が法人税法上の損金となります。

（支払地代）220万円 ／ （現金預金）220万円	

3 相続時の課税関係

(1) 貸主個人の課税関係

貸主個人に相続が発生した場合には，借地権が設定された土地の底地部分が「貸宅地」として相続税の課税対象となります。貸宅地の評価額は，借地権設定時の権利金額にかかわらず，実際に収受している地代の額に基づき算出します。相続時に「通常の地代＜実際の地代＜相当の地代」となっている場合における貸宅地の評価額は，次のステップに従い計算します。

① STEP1 通常の地代の算出

　通常の地代の額は，原則として周辺の相場に基づき算出しますが，原則によることが難しい場合は相続税評価額の過去3年平均を用いて算出した賃宅地価額の6％を用いて簡便的に算出することができます。

相続税評価額の過去3年平均 7,000万円	×	借地権割合 （1 － 60％）	×	6％	＝	通常の地代の年額 168万円

② STEP2 相当の地代の算出

　相当の地代の額は相続税評価額の過去3年平均の6％で算出します。設定時の権利金額は考慮しません。

相続税評価額の過去3年平均 7,000万円	×	6％	＝	相当の地代の年額 420万円

通常の地代		実際の地代		相当の地代
∴ 168万円	＜	220万円	＜	420万円

③ STEP3 借地権評価額の算出

　地代の支払いが「通常の地代＜実際の地代＜相当の地代」の場合，次の算式により借地権評価額を算出します。これにより，相当の地代と実際の地代の乖離分に対して，借地権割合を調整することになります。

$$自用地権利額 × 借地権割合 × \left\{ 1 - \frac{実際支払地代の年額 - 通常の地代の年額}{相当の地代の年額 - 通常の地代の年額} \right\} = 借地権価額$$

$$8,000万円 × 60\% × \left\{ 1 - \frac{220万円 - 168万円}{420万円 - 168万円} \right\} = 3,809万円$$

　なお，「通常の地代≧実際の地代」の場合は，貸宅地の評価は「自用地評価額×（1－借地権割合）」の算式で算出します。

④ STEP4 貸宅地評価額の算出

　貸宅地の評価額は自用地評価額から STEP3 で求めた借地権評価額を控除して算出します。ただし，貸宅地の価額が自用地評価額の80％を超える場合には，自用地評価額×80％で評価します。

自用地評価額		借地権価額		貸宅地評価額		自用地評価額		
8,000万円	−	3,809万円	=	4,191万円	<	8,000万円	×80％ =	6,400万円

　∴ 4,191万円が貸宅地評価額

⑵　借主法人の課税関係

　借主法人の株式を所有している個人に相続が発生した場合には，法人が所有する借地権を法人の株価評価における純資産価額の計算上資産に加算します。法人株式は，オーナー個人の相続財産となるため，相続税が課税されます。借地権価額は⑴の算式により算出した3,809万円になります。

　ただし，借主法人が，貸主個人が同族関係者である同族会社の場合は，借地権価額が自用地評価額の20％未満となる場合には，借地権価額は更地の相続税評価額×20％とされます（43年直資3−22通達）。

8,000万円	×	20％	=	1,600万円	<	3,809万円	∴	3,809万円

権利金の支払いがなく
相当の地代の支払いがある場合

設定時	設定中	相続時
権利金なし	相当の地代	相当の地代

オーナー経営者個人が所有している土地を，同族法人に賃貸しています。借地権の設定に際し権利金のやりとりは行わず，相当の地代をやりとりする契約となっています。この場合の税務上の取扱いについて教えてください。

- 土地の時価　　　　　　　　10,000 万円
- 近傍類地の公示価額等　　　　9,000 万円
- 相続税評価額　　　　　　　　8,000 万円
- 相続税評価額の過去 3 年平均
　　　　　　　　　　　　　　7,000 万円
- 借地権割合　　　　　　　　　　　60%
- 実際の権利金額　　　　　　　　　　0 円
- 実際の地代（相当の地代）年額 420 万円

```
                建物
               【法人】
権利金    ┌─────────────┐    相当の
なし ↰   借地権【法人】60%   地代
         底地権【個人】40%   ↱
         └─────────────┘
```

Point

☑　貸主個人はあくまで実際に受け取った金額を基に収入金額を計算します。権利金を収受していなくても権利金の認定課税はありません。

☑　借主法人は権利金の支払いに代えて相当の地代の支払いがある場合は，権利金の認定課税は行われません。

☑　相当の地代の授受がある場合の相続時の貸宅地の評価額は自用地評価額の 80% となります。借地権の評価額は原則としてゼロになりますが，借地人が，貸主個人の同族法人である場合は自用地評価額の 20% になります。

■1 設定時の課税関係 ─────────────────────

(1) 貸主個人の課税関係

　貸主個人は，借地権の設定に当たり権利金を収受していなくても，権利金の認定課税が行われることはありません。所得税法では，あくまで実際に収受する金額に基づき課税が行われるためです。

(2) 借主法人の課税関係

　権利金の取引慣行がある地域において，権利金の支払いに代えて相当の地代を支払う場合，借地権設定時に権利金の認定課税が行われることはありません。

　相当の地代を計算する際の土地の更地価額は，次のいずれかの金額を用いることができます。

```
(ⅰ)10,000万円      (ⅱ)9,000万円       (ⅲ)8,000万円       (ⅳ)7,000万円

┌─────────┐   ┌─────────┐   ┌─────────┐   ┌─────────┐
│         │   │ 近傍類地の │   │         │   │ 相続税評価額 │
│ 通常の取引価額 │ > │ 公示価額等 │ > │ 相続税評価額 │ > │ の過去3年平均 │
│         │   │         │   │         │   │         │
└─────────┘   └─────────┘   └─────────┘   └─────────┘
```

┌──┐
│ ＜相当の地代＞   │
│ 土地の更地価額　　　　　相当の地代　　相当の地代　　実際の地代   │
│ 7,000万円 × 6% ＝ 420万円　　　420万円 ＝ 420万円 ∴権利金の認定課税なし │
└──┘

■2 設定中の課税関係 ─────────────────────

(1) 貸主個人の課税関係

　貸主個人は，法人から受け取る実際の地代420万円が所得税法上の収入金額になります。

┌──┐
│ 　　　　　（現金預金）420万円　／　（地代収入）420万円　　　　　　　　　│
└──┘

(2) 借主法人の課税関係

借主法人は，個人に支払う相当の地代の額 420 万円が法人税法上の損金になります。

（支払地代）420 万円 ／ （現金預金）420 万円

3 相続時の課税関係 ─────────────

(1) 貸主個人の課税関係

設定時に権利金のやりとりがなく，設定中に相当の地代を受け取っていた場合の相続税評価額の計算方法を確認します。貸主個人に相続が発生した際に相当の地代を収受している場合，自用地評価額×80%により求めた貸宅地評価額が相続税の課税対象となります。

＜貸宅地評価額の算定方法＞

自用地評価額			貸宅地評価額
8,000 万円	× 80%	=	6,400 万円

(2) 借主法人の課税関係

事例 3 **3**(2)の借主法人の課税関係と同様になりますので参照してください。

事例 **6** 権利金の支払いがなく相当の地代未満の地代の支払いがある場合

設定時	設定中	相続時
権利金なし	相当の地代未満	相当の地代未満

オーナー経営者個人が所有している土地を，同族法人に賃貸することになりました。借地権の設定に際し権利金のやりとりは行わず，地代をやりとりする契約となっています。地代の額は相当の地代未満ですが，課税上弊害はないでしょうか。借地権設定当初，土地の無償返還の届出書や相当の地代の改訂の届出書は提出していません。

- ・土地の時価 10,000万円
- ・近傍類地の公示価額等 9,000万円
- ・相続税評価額 8,000万円
- ・相続税評価額の過去3年平均 7,000万円
- ・借地権割合 60%
- ・通常の権利金額 6,000万円
- ・通常の地代 年額240万円
- ・実際の地代 年額300万円

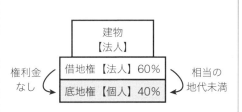

Point

☑ 貸主個人はあくまで実際に受け取った金額を基に収入金額を計算します。権利金を収受していなくても権利金の認定課税はありません。

☑ 一方，借主法人は権利金の支払いがなく，相当の地代未満の地代を支払っている場合，本来支払うべき通常の権利金額を基に課税（権利金の認定課税）が行われることになります。

☑ 　通常の地代＜実際の地代＜相当の地代の場合の借地権の相続税評価額は相当の地代と実際の地代との乖離分に対して借地権割合を調整して算出します。

■1　設定時の課税関係

(1)　貸主個人の課税関係

　貸主個人は借地権の設定時に権利金を収受していなかったとしても権利金の認定課税は行われません。所得税法では，あくまで実際に受け取った金額に基づいて課税が行われ，収受しない金額に対する課税は行われないためです。

(2)　借主法人の課税関係

　借主である法人は，権利金の支払いがない場合でも，相当の地代の支払いがあれば権利金の認定課税は行われません。一方，通常の権利金の支払いも相当の地代の支払いもない場合は権利金の認定課税が行われます。これは，権利金の支払いに代えて相当の地代方式を選択したにも関わらず相当の地代が不足しているならば，その不足に対応する部分は支払うべき権利金に相当すると考えるためです。したがって，法人が受けた経済的利益分について課税が行われます。

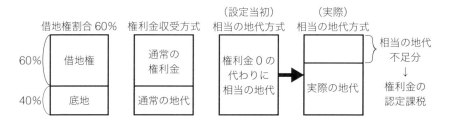

　権利金の認定課税額は次の STEP に従い算出します。

① STEP1 相当の地代の判定

実際に支払う地代が相当の地代以上か否かの判定を行います。

＜相当の地代の算式＞

|土地の更地価額|支払った権利金の額|相当の地代|
|（ 7,000 万円|－ 0 円 ）|× 6% ＝ 420 万円|

420 万円　　相当の地代　＞　300 万円　実際の地代　∴相当の地代未満のため権利金の認定課税あり

上記算式中の土地の更地価額は次の(i)～(iv)のいずれかの金額を使用することが認められています。

(i) 10,000 万円　　(ii) 9,000 万円　　(iii) 8,000 万円　　(iv) 7,000 万円

通常の取引価額　＞　近傍類地の公示価額等　＞　相続税評価額　＞　相続税評価額の過去 3 年平均

本事例の場合，権利金の認定課税額を抑えるため，最も低い金額である(iv)相続税評価額の過去 3 年平均である 7,000 万円を土地の更地価格として採用します。

② STEP2 権利金の認定課税額の算出

権利金の支払いがなく，かつ，相当の地代未満のため，相当の地代に対する地代の不足部分を次の算式により計算し，認定課税額を算出します。本事例の場合，2,857 万円が受贈益として課税され，同額を借地権として資産に計上します。

$$\text{更地価額（時価）} 10{,}000\text{万円} \times \left(1 - \frac{\text{実際の地代}\ 300\text{万円}}{\text{相当の地代}\ 420\text{万円}^{(※)}}\right) - \text{実際の権利金額}\ 0\text{万円} = \text{認定課税額}\ 2{,}857\text{万円}$$

（※）相当の地代：7,000 万円 × 6 ％ = 420 万円

算式中の「相当の地代」は，実際に支払っている権利金の額がある場合でも，この金額がないものとして計算した金額によります。

（借 地 権）2,857 万円 ／ （受 贈 益）2,857 万円

2 権利金の認定課税を避けるための実践上の考察 ————

　権利金の支払いも相当の地代の支払いもない場合，借主法人に対して権利金の認定課税が行われることになります。しかし，借地権設定後「遅滞なく」無償返還の届出書を税務署に提出すれば，権利金の認定課税を避けることができます。

　では，本事例のように，借地権設定時に土地の無償返還の届出書を提出していない場合，権利金の認定課税を避けるために後から無償返還の届出書を提出することは認められるのでしょうか。当初締結した借地権の設定に係る契約書において，将来借地人が土地を無償で返還することが定められていて，設定時から現在まで当該契約を基に課税が行われている場合には，当事者間の合意を重視し，土地の無償返還の届出書の提出が遅れたとしても，提出が認められる可能性があるものと考えられます。実務上も，税務調査での指摘後の提出が認められるケースもあるようです。

　しかしながら，借地権設定当初の契約書がない場合や，契約書において将来土地を無償で返還することが定められていない場合は，土地の無償返還の届出書を後から提出することは認められない可能性が高いものと思われます。

　また，一部でも権利金の支払いがある場合は，無償返還の届出書を後から提出することはできません。

3 設定中の課税関係 ————————————————

(1) 貸主個人の課税関係

　貸主個人は，実際に受け取る地代 300 万円が所得税法上の不動産所得になります。なお，個人の場合は，所得税法上，実際に受け取った地代に基づいて課税が行われるため，実際の地代が相当の地代に満たない場合でも，相当の地代との差額について地代の認定課税はありません。

> （現金預金）300 万円　／　（地代収入）300 万円

⑵　借主法人の課税関係

　借主法人は，権利金の認定課税が行われることにより，実際の地代が適正な地代として扱われます。よって，実際に支払う地代 300 万円が法人税法上の損金となります。

> （支払地代）300 万円　／　（現金預金）300 万円

４　相続時の課税関係

⑴　貸主個人の課税関係

　貸主個人に相続が発生した場合には，借地権が設定された土地の底地部分が「貸宅地」として相続税の課税対象となります。貸宅地の評価額は，借地権設定時の権利金額にかかわらず，実際に収受している地代の額に基づき算出します。相続時に「通常の地代＜実際の地代＜相当の地代」となっている場合における貸宅地の評価額は，次のステップに従い計算します。

①　STEP1　通常の地代の算出

　通常の地代の額は，原則として周辺の相場に基づき算出しますが，原則によることが難しい場合は，相続税評価額の過去 3 年平均を用いて算出した貸宅地評価額の 6％を用いて簡便的に算出することができます。

相続税評価額の過去 3 年平均		借地権割合				通常の地代の年額
7,000 万円	×	（ 1 － 60％ ）	×	6％	＝	168 万円

② [STEP2] 相当の地代の算出

相当の地代の額は相続税評価額の過去3年平均の6％で算出します。

相続税評価額の過去3年平均			相当の地代の年額
7,000万円	× 6％	=	420万円

通常の地代 実際の地代 相当の地代
∴ 168万円 ＜ 300万円 ＜ 420万円

③ [STEP3] 借地権評価額の算出

地代の支払いが「通常の地代＜実際の地代＜相当の地代」の場合，次の算式により借地権評価額を算出します。これにより，相当の地代と実際の地代の乖離分に対して，借地権割合を調整することになります。

$$自用地評価額 \times 借地権割合 \times \left\{ 1 - \frac{実際支払地代の年額 - 通常の地代の年額}{相当の地代の年額 - 通常の地代の年額} \right\} = 借地権価額$$

$$8,000万円 \times 60\% \times \left\{ 1 - \frac{300万円 - 168万円}{420万円 - 168万円} \right\} = 2,285万円$$

④ [STEP4] 貸宅地評価額の算出

貸宅地の評価額は自用地評価額から[STEP3]で求めた借地権評価額を控除して算出します。ただし，貸宅地の価額が自用地評価額の80％を超える場合には，自用地評価額×80％で評価します。

自用地評価額 借地権価額 貸宅地評価額 自用地評価額
8,000万円 － 2,285万円 ＝ 5,715万円 ＜ 8,000万円 × 80％ ＝ 6,400万円
∴5,715万円が貸宅地評価額

(2) 借主法人の課税関係

借主法人の株式を所有している個人に相続が発生した場合には，法人が所有する借地権を法人の株価評価における純資産評価額の計算上，資産に加算します。法人株式は，オーナー個人の相続財産となるため，相続税が課税されます。借地

権価額は，⑴により算出した 2,285 万円になります。

　なお，借地権評価額が自用地評価額の 20% 未満となる場合には，借地権の価額は「自用地評価額× 20%」とされます（43 年直資 3 – 22 通達）。

> 自用地評価額
> 8,000 万円 × 20% ＝ 1,600 万円 ＜ 2,285 万円 ∴ 2,285 万円

　本事例の場合，借地権評価額が自用地評価額の 20% 以上となるため，借地権評価額の修正は不要となります。

無償返還の届出書があり相当の地代未満の地代の支払いがある場合

設定時	設定中	相続時
無償返還の届出書あり	相当の地代未満	賃貸借

オーナー経営者個人が所有している土地を，同族法人に賃貸しています。借地権の設定に際し，権利金のやりとりは行っていません。借地契約書には，借主が将来土地を無償で返還する旨を定め，貸主借主との連名により土地の無償返還に関する届出書を税務署に提出しています。この場合の税務上の取扱いを教えてください。

- 土地の時価　　　　　　　10,000 万円
- 近傍類地の公示価額等　9,000 万円
- 相続税評価額　　　　　　8,000 万円
- 相続税評価額の過去 3 年平均
　　　　　　　　　　　　7,000 万円
- 借地権割合　　　　　　　　60%
- 通常の権利金額　　　　　6,000 万円
- 通常の地代　　　　　年額 240 万円
- 実際の地代　　　　　年額 250 万円

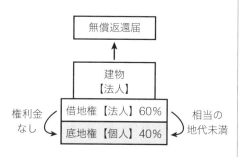

Point

☑ 貸主個人はあくまで実際に受け取った金額を基に収入金額を計算します。権利金を収受していなくても権利金の認定課税はありません。

☑ 借主法人は権利金の支払いがなく，相当の地代の支払いがない場合でも無償返還の届出書を税務署に提出していれば権利金の認定課税は行われません。

☑ 無償返還の届出書が提出済で賃貸借契約である場合の貸宅地の評価額は自用地評価額の80%になります。借地権の価額は原則として0になりますが，借地人が貸主個人の同族法人である場合は自用地評価額の20%となります。

■1 借地権設定時の課税関係

(1) 貸主個人の課税関係

貸主個人は，無償返還の届出書の有無にかかわらず，借地権設定時に権利金を収受していなくても権利金の認定課税が行われることはありません。所得税法では，あくまで実際に収受する金額に基づき課税が行われるためです。

(2) 借主法人の課税関係

権利金の支払いがなく，かつ，相当の地代未満であっても，借地権の設定に際し契約書で借主が将来土地を無償で返還する旨を定めて，貸主借主の連名により土地の無償返還に関する届出書を税務署に提出している場合には，権利金の認定課税は行われません。よって，設定時に課税関係は生じません。

■2 借地権設定中の課税関係

(1) 貸主個人の課税関係

所得税法36条において「収入金額はその年において収入すべき金額とする」と規定されているため，貸主個人は実際に受け取る地代収入250万円に対してのみ所得税が課税されます。相当の地代未満であったとしても現実に受け取っていない収入について地代の認定課税を受けることはありません。

（現金預金）250万円 ／ （地代収入）250万円

⑵　借主法人の課税関係

　無償返還の届出書を提出している場合，実際の地代が相当の地代未満の地代であっても■⑵の通り「権利金」の認定課税が行われることはありませんが，相当の地代と実際の地代の額との差額について「地代」の認定課税が行われます。ただし，支払地代と同額の受贈益が計上されることにより損益が相殺され，結果として法人の課税所得への影響は生じないこととなります。

①　[STEP1]　相当の地代の判定

　以下の４つの要素のうち，最も低い金額に６％を乗じて相当の地代の額を算出します。

(i) 10,000万円	(ii) 9,000万円	(iii) 8,000万円	(iv) 7,000万円
通常の取引価額	>	近傍類地の公示価額等	>	相続税評価額	>	相続税評価額の過去３年平均

```
＜相当の地代＞
土地の更地価額                    相当の地代    実際の地代  ∴相当の地代未満のため
7,000万円  × 6% ＝420万円      420万円  >  250万円   「地代」の認定課税あり
```

②　[STEP2]　地代の認定課税額の算出

　相当の地代と実際の地代との差額に対し，「地代」の認定課税が行われます。

```
相当の地代      実際の地代          認定課税
420万円   －    250万円    ＝     170万円
```

③　[STEP3]　課税への影響

　支払地代と同額の受贈益が計上されるため，課税所得への影響はありません。

```
（支払地代）250万円  ／  （現金預金）250万円
（支払地代）170万円  ／  （受 贈 益）170万円
              損益相殺
```

3 相続時の課税関係

(1) 貸主個人の課税関係

　貸主個人に相続が発生した場合には，借地権が設定された土地の底地部分が貸宅地として相続税の課税の対象となります。土地の無償返還に関する届出書を提出していて，借地契約が「賃貸借契約」である場合，「自用地評価額×80％」が貸宅地の評価額になります。一方，借地契約が「使用貸借」の場合には，「自用地評価額」が相続税評価額になります。

　本事例の借地契約は「賃貸借契約」のため，自用地評価額の80％を相続財産に計上します。

＜貸宅地評価額の算定方法＞
自用地評価額　　　　　　　　　　　　　　　　貸宅地評価額 　　　8,000万円　　×　　80％　　＝　　6,400万円

(2) 借主法人の課税関係

　借主法人の株式を所有している個人に相続が発生した場合には，法人が所有する借地権を法人の株価評価における純資産価額の計算上，資産に加算します。土地の無償返還の届出書を提出している場合の借地権の価額は，借地契約が「賃貸借契約」か「使用貸借」であるかを問わず，原則としてゼロになります。将来，借地権を無償で返還するため，借地権としての財産価値はないものと考えられるためです。ただし，借地人が地主個人の同族法人であり，かつ「賃貸借契約」のケースにおいて，法人の株価を純資産価額で算出する場合は，借地権の価額は自用地評価額の20％となります。これは，個人と同族法人とを実質的に同一とみなし，個人法人合計で土地の評価額が100％になるようにすることが，課税の公平上適正と考えられているためです。

　本事例は，同族法人が借地人となるため，借地権の価額は自用地評価額の20％

となります。

事例 8 無償返還の届出書があり使用賃借の場合

設定時	設定中	相続時
無償返還の届出書あり	使用貸借	使用貸借

オーナー経営者個人が所有している土地を法人に賃貸しています。借地権の設定に際し、権利金の収受はしていません。借地契約書には、借主は将来土地を無償で返還する旨を定めており、貸主と借主との連名により「土地の無償返還に関する届出書」を税務署に提出しています。地代の額は固定資産税相当額としていますが、課税上弊害はありますか。

- ・土地の時価 10,000万円
- ・借地権割合 60%
- ・通常の地代 年額240万円
- ・実際の地代 固定資産税相当額
- ・相続税評価額（自用地評価額）
　　　　　　　　8,000万円

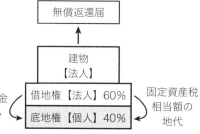

Point

☑ 貸主個人はあくまで実際に受け取った金額を基に収入金額を計算します。権利金を収受していなくても権利金の認定課税はありません。また、借地権設定中に地代を受け取っていない場合でも地代の認定課税を受けることはありません。

☑ 借主法人は権利金の支払いがなく、相当の地代の支払がない場合でも無償返還の届出書を税務署に提出していれば権利金の認定課税は行われません。

1 設定時の課税関係

(1) 貸主個人の課税関係

事例7 **1**(1)と同様です。

(2) 借主法人の課税関係

事例7 **1**(2)と同様です。

2 借地権設定中の課税関係

(1) 貸主個人の課税関係

地代の額が固定資産税相当額である場合，契約形態は使用貸借であると考えられます。これは使用貸借について民法595条（借用物の費用の負担）に「使用貸借において借主は借用物の通常の必要費（固定資産税や管理維持に必要な費用）を負担する」と定められているためです。

貸主個人は，受け取った固定資産税相当額を地代として収入に計上します。個人の場合は，所得税法36条において「収入金額はその年において収入すべき金額とする」と規定されているため，実際に受け取る固定資産税相当額に対してのみ所得税が課税されます。現実に受け取っていない収入（相当の地代収入）について地代の認定課税を受けることはありません。

(2) 借主法人の課税関係

土地の無償返還に関する届出書がなく，相当の地代に満たない地代しか支払っ

ていない場合には，原則として借主法人側に権利金の認定課税が行われます。しかし，無償返還の届出書を提出している場合は，実際の地代が相当の地代未満の地代であっても「権利金」の認定課税が行われることはありません。ただし，相当の地代と固定資産税相当額との差額について「地代」の認定課税が行われます。この場合，支払地代と同額の受贈益が計上されることにより損益が相殺され，結果として法人の課税所得への影響は生じないこととなります。（事例7 **2**(2)参照）

3 相続時の課税関係

(1) 貸主個人の課税関係

　無償返還の届出書が提出されている場合には，借地契約の内容が賃貸借契約であるか使用貸借契約であるかにより貸宅地の評価方法が異なります。

　賃貸借契約の場合，20％の借地権割合を控除した「自用地評価額×80％」を貸宅地の価額とします。

　一方，本事例のように地代の支払が固定資産税相当額のみである場合は使用貸借契約に該当します。使用貸借の場合，貸主個人に相続が発生すると，自用地評価額100％が相続税の課税対象となります。

<宅地評価額>

自用地評価額
8,000万円　　　×　　　100％　　　＝　　　8,000万円

(2) 借主法人の課税関係

　無償返還の届出書が提出されていて，借地契約が使用貸借の場合は，貸主個人に相続が発生しても，同族法人の株式評価上，借地権を認識する必要はありません。

<借地権評価額>　　　　　　　　　　　　　　0

設定時	設定中	相続時
権利金なし	相当の地代の引き下げ	相当の地代未満

オーナー経営者個人が所有している土地を同族法人に相当の地代で賃貸していますが，土地の価額の上昇に伴い，法人の地代負担が重くなってきました。地代を引き下げると課税上弊害がありますか。相当の地代の改訂届出や無償返還の届出は提出していません。

- ・土地の更地価額 10,000万円
- ・相続税評価額（自用地評価額） 8,000万円
- ・相続税評価額の過去3年平均 7,000万円
- ・借地権割合 60%
- ・通常の権利金額 6,000万円
- ・実際に支払った権利金 0円
- ・相当の地代の額 420万円
- （相続税評価額の過去3年平均を採用 7,000万円×6%）
- ・引き下げ後の地代 250万円

```
          ┌──────────┐
          │   建物   │
          │  【法人】 │
          ├──────────┤
          │借地権【法人】60%│  相当の地代
          ├──────────┤  引下げ
          │底地権【個人】40%│
          └──────────┘
```

Point

☑ 貸主個人は実際に受け取った金額を収入金額に計上するため，相当の土地代を引き下げても権利金の認定課税は行われません。

☑ 借主法人は相当の地代を引き下げた場合，相当の理由がある場合を除き権利金の認定課税が行われます。

☑ 無償返還の届出書が提出されている場合は，地代を引き下げても借主法人に対して権利金の認定課税が行われることはありません。

☑ 相当の地代を引き下げた場合，通常の地代＜実際の地代＜相当の地代となるため，借地権の相続税評価額は相当の地代と実際の地代との乖離分に対して借地権割合を調整して算出します。

■1 地代引き下げ時の課税関係

⑴ 貸主個人の課税関係

　貸主個人は，実際に収受する金額が確定したものを収入金額とし，現実に収受しない金額に対しては課税されません（所法36）。よって，相当の地代を引き下げた場合も権利金の認定課税は行われません。

⑵ 借主法人の課税関係

　借地権の設定に際し，権利金の支払いに代えて相当の地代を支払っているときは，権利金の認定課税は行われません。しかし，その後，相当の地代を引き下げたときは，相当の理由があると認められる場合を除き，借地権者の利益について権利金の認定課税が行われます。これは，権利金の支払いに代えて相当の地代方式を選択したにもかかわらず，相当の地代を引き下げたならば，地代を引き下げた際に借主に経済的利益が生ずると考えるためです。

　相当の理由は，土地の価格が下落した場合や，新しく権利金を収受した場合等が考えられます。本事例の場合，土地価額の上昇は「相当の理由」には該当しないと考えられるため，権利金の認定課税が行われます。

認定課税額は次の算式により算出します。

$$\text{土地の更地価額} \atop 10,000\,\text{万円} \times \left(1 - \dfrac{\dfrac{\text{実際に支払っている地代の年額}}{250\,\text{万円}}}{\dfrac{\text{相当の地代の年額}}{420\,\text{万円}}}\right) - \dfrac{\text{実際の権利金額}}{0\,\text{円}} = \dfrac{\text{認定課税額}}{4,047\,\text{万円}}$$

本事例の場合，4,047万円が受贈益として益金に算入され，同額の借地権を資産計上することになります。

（借　地　権）4,047万円 ／ （受　贈　益）4,047万円

2 権利金の認定課税を避けるための実務上の考察 ─────

事例6 2 を参照してください。

3 地代引き下げ後の課税関係 ─────────────

(1) 貸主個人の課税関係

貸主個人は実際に収受する金額が確定したものを収入金額とし，現実に収受しない金額に対しては課税されません（所法36）。よって，相当の地代を引き下げた場合も地代の認定課税は行われません。

（現金預金）250万円 ／ （地代収入）250万円

⑵　借主法人の課税関係

　借主法人は, 相当の地代を引き下げた際に権利金の認定課税が行われるため, その後支払う地代は適正な地代と考えられます。本事例の場合, 実際に支払う引下げ後の地代250万円が損金に算入されます。

（支払地代）250万円　／　（現金預金）250万円

④　無償返還の届出が提出されている場合

⑴　貸主個人の課税関係

　無償返還の届出が提出されている場合は, 地代を引き下げても権利金の認定課税は行われません。また, 貸主個人は実際に収受する金額が確定したものを収入金額とし, 現実に収受しない金額に対しては課税されないため, 地代の認定課税も行われません。

（現金預金）250万円　／　（地代収入）250万円

⑵　借主法人の課税関係

　無償返還の届出が提出されている場合は, 地代を引き下げても「権利金」の認定課税は行われませんが, 相当の地代と実際の地代の差額に対して「地代」の認定課税が行われます。

相当の地代		実際の地代		認定課税額
420万円	－	250万円	＝	170万円

ただし，支払地代が損金に，同額の受贈益が益金に算入されるため，課税への影響はありません。

```
（支払地代）250 万円  ／  （現金預金）250 万円
（支払地代）170 万円  ／  （受 贈 益）170 万円
                    損益相殺
```

5 相続時の課税関係

(1) 貸主個人の課税関係

貸主個人に相続が発生した場合，借地権が設定された土地の底地部分を賃宅地として相続財産に計上します。本事例のように土地の価額の上昇に伴って地代の引き下げを行った場合には，実際に支払う地代の額が相当の地代の額に満たないこととなるため，自用地評価額から支払地代率に応じて計算した借地権価額を控除して貸宅地評価額を算出します。

相続時に「通常の地代＜実際の地代＜相当の地代」となっている場合における貸宅地の評価額は次のステップに従い計算します。

① STEP1 通常の地代の算出

通常の地代の額は，原則として周辺の相場に基づき算出しますが，原則によることが難しい場合は，相続税評価額の過去 3 年平均等を用いて算出した貸宅地価額の 6 ％を使用することができます。

```
相続税評価額の過去 3 年平均        借地権割合              通常の地代の年額
   7,000 万円      ×  （1 － 60%） × 6%  =    168 万円
```

② STEP2 相当の地代の算出

相当の地代の額は相続税評価額の過去３年平均の６％で算出します。

相続税評価額の過去３年平均			相当の地代の年額
7,000万円	× 6%	=	420万円

通常の地代　　　　実際の地代　　　　相当の地代
∴ 168万円　　＜　250万円　＜　420万円

③ STEP3 借地権評価額の算出

地代の支払いが「通常の地代＜実際の地代＜相当の地代」の場合，次の算式により借地権評価額を算出します。これにより，相当の地代と実際の地代の乖離分に対して，借地権割合を調整することになります。

$$
\text{自用地評価額} \times \text{借地権割合} \times \left\{ 1 - \frac{\text{実際支払地代の年額} - \text{通常の地代の年額}}{\text{相当の地代の年額} - \text{通常の地代の年額}} \right\} = \text{借地権価額}
$$

$$
8,000\text{万円} \times 60\% \times \left\{ 1 - \frac{250\text{万円} - 168\text{万円}}{420\text{万円} - 168\text{万円}} \right\} = 3,238\text{万円}
$$

④ STEP4 貸宅地評価額の算出

貸宅地の評価額は自用地評価額から STEP3 で求めた借地権評価額を控除して算出します。ただし，貸宅地の価額が自用地評価額の80％を超える場合には，自用地評価額×80％で評価します。

自用地評価額　　　借地権価額　　　貸宅地評価額　　　自用地評価額
8,000万円　－　3,238万円　＝　4,762万円　＜　8,000万円　× 80%　＝ 6,400万円
∴ 4,762万円が貸宅地評価額

⑵ 借主法人の課税関係

借主法人の株式を所有している貸主個人に相続が発生した場合には，法人が所有する借地権を株価評価上の純資産価額の計算上，資産に加算します。

相続時に「通常の地代＜実際の地代＜相当の地代」となっている場合における借地権の評価額は⑴の STEP1 ～ 3 により算出した 3,238 万円になります。

$$\text{自用地評価額} \times \text{借地権割合} \times \left\{ 1 - \frac{\text{実際支払地代の年額} - \text{通常の地代の年額}}{\text{相当の地代の年額} - \text{通常の地代の年額}} \right\} = \text{借地権価額}$$

$$8,000\text{万円} \times 60\% \left\{ 1 - \frac{250\text{万円} - 168\text{万円}}{420\text{万円} - 168\text{万円}} \right\} = 3,238\text{万円}$$

なお，貸主個人が同族関係者となっている同族会社に対して土地を貸し付けている場合で，上記算式により計算した借地権の評価額が自用地評価額の 20％未満となる場合には，自用地評価額×20％を借地権評価額として同族会社の株価評価における純資産価額に計上します。

$$
\begin{array}{ccccccc}
\text{借地権価額} & & \text{自用地評価額} & & & & \\
3,238\text{万円} & \geqq & 8,000\text{万円} & \times & 20\% & = & 1,600\text{万円}
\end{array}
$$

∴ 3,238 万円が借地権評価額

本事例の場合，借地権評価額が自用地評価額の 20％以上となるため，借地権評価額の修正は不要です。

事例 **10** 更新料の支払いがあった場合

更新料・更改料の支払い

> オーナー経営者個人が所有している土地を，同族法人に賃貸しています。この度，借地契約期間が終了し，契約を更新するため更新料を支払います。この場合の課税関係について教えてください。

・土地の時価	10,000万円		
・借地権割合	60%		
・借地権の価額	6,000万円		
・借地権の帳簿価額	3,000万円		
・更新料	300万円		

建物【法人】

借地権【法人】60%

底地権【個人】40%

更新料 300万円

Point

☑ 貸主個人は受け取った更新料を「不動産所得」の収入金額に計上します。ただし，受け取った更新料が更地価額の50%を超える場合や地代の年額の20倍を超える場合には，「譲渡所得」の収入金額に計上します。

☑ 借主法人は支払った更新料について借地権の帳簿価額の洗替えを行います。具体的には，借地権の帳簿価額に加算するとともに，借地権の帳簿価額のうち更新料に対応する金額を損金に算入します。

1 貸主個人の課税関係 ─────────────

　貸主個人が借地権の更新のために受け取る更新料や更改料は，原則として，不動産所得となります。しかし，更改料等については，収受する金額が高額になることがあります。更改料等の金額が更地価額の50%を超える場合は，譲渡所得となります。

(1)　更改料・更新料の所得区分の判定

　次の①または②のいずれかに該当する場合，更改料・更新料は譲渡所得となり，いずれにも該当しない場合は不動産所得になります。

①　土地の時価が明らかな場合

　更新料や更改料の額が，土地の時価の50%を超える場合は譲渡所得となります。本事例の場合，土地の時価が明らかで，更新料の額が土地の時価の50%以下のため不動産所得となります。

```
    更新料の額     土地の時価
    300万円  ≦ 10,000万円 ×  50%  =  5,000万円  ∴不動産所得
```

②　土地の時価が明らかでない場合

　更新料の額が，地代年額の20倍を超える場合は譲渡所得となります。

```
            更新料の額 > 地代年額 × 20 の場合，譲渡所得
```

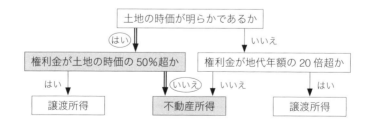

2 借主法人の課税関係─────────────

　借主である法人は支払った更新料や更改料の額を借地権の帳簿価額に加算すると共に，更新直前の借地権の帳簿価額のうち更新料の金額に対応する部分の金額を損金に算入します。

　税法上，更新料と更改料の支払いは，土地の部分的取得による対価（資産の取得）ではなく，借地権の期間の経過による減価部分を補うための対価の支払いと考えられるため，借地権の帳簿価額の一部を洗い替える処理を行うことになります。

(1) 　STEP1 更新料を借地権の帳簿価額に加算
　本事例の場合，更新料 300 万円を借地権の帳簿価額に加算します。

(2) 　STEP2 帳簿価額の一部を損金算入
　更新直前の借地権の帳簿価額のうち次の算式により算出した更新料の金額に対応する帳簿価額を損金に算入します。本事例の場合，借地権の帳簿価額のうち150 万円を損金に算入します。

$$
\begin{array}{c}
\text{更新直前の借地権の帳簿価額} \\
\text{3,000 万円}
\end{array}
\times
\dfrac{\begin{array}{c}\text{更新料の額}\\ \text{300 万円}\end{array}}{\begin{array}{c}\text{更新時の借地権の価額}\\ \text{6,000 万円}\end{array}}
=
\begin{array}{c}
\text{損金算入額} \\
\text{150 万円}
\end{array}
$$

⑶ 法人の仕訳

　本事例の場合，更新料300万円を借地権の帳簿価額に加算し，150万円を損金算入します。よって，更新後の借地権の帳簿価額は3,000万円＋300万円－150万円＝3,150万円になります。

（借 地 権）300万円	／	（現金預金）300万円	
（雑 損 失）150万円	／	（借 地 権）150万円	

事例 11 権利金の受取りに代えて無利息の資金の貸借があった場合（特別の経済的利益）

設定時	設定中
特別の経済的利益	通常の地代

　貸主個人の土地を，法人に次の条件で 30 年間賃貸することにしました。権利金の受取りに代えて，保証金を無利息で受取り 30 年後全額返済する契約です。地代は通常の地代です。貸主個人の課税はどうなりますか。

- ・更地価額　　　　　　　　10,000 万円
- ・借地権の額　　　　　　　　6,000 万円
 （通常の権利金額→収受しない）
- ・保証金の額　　　　　　　　6,000 万円
 （無利息，30 年後全額返済）
- ・実際の地代　　　　　　年額 400 万円
 （通常の地代）
- ・国税庁公表の通常の利率　　　0.2%

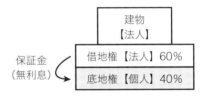

Point

☑　権利金に代えて通常よりも有利な条件で経済的利益を受ける場合は「特別の経済的利益」としてその金銭等を権利金とみなして課税が行われます。実際に収受する権利金と特別の経済的利益の合計額が土地の時価の 50% を超える場合は権利金収入とみなされ，特別の経済的利益の額を借地権の額に加算します。この場合の所得区分は譲渡所得となります。一方，50% 以下の場合は「不動産所得」となります。

1 特別の経済的利益とみなされる場合 ─────────

　借地権の設定に際し権利金を収受する場合，権利金収入に対し課税が行われますが，これを回避するため「権利金」ではなく「保証金」，「貸付金」といった名目で,通常より有利な条件 (無利息又は低い利息) による金銭の授受を行うといったことが考えられます。

　そこで，税務上は課税の公平を保つため，保証金，貸付金，預り金，敷金等どのような名目かを問わず，権利金に代えて通常の場合よりも有利な条件で金銭の貸付や経済的利益を受ける場合には，その金銭等を権利金としてみなし課税することとされています。これを「特別な経済的利益」と呼びます。

2 具体的な計算方法 ─────────

　特別の経済的利益が生ずる場合の貸主個人に対する課税所得は以下のステップに従いに算出します。

(1) [STEP1] 特別な経済的利益の額の算出

　特別な経済的利益の額は次の算式により求めます。

特別な経済的利益の額	＝	貸付けを受けた額	－	貸付けを受けた額	×	「(貸付期間に応じた通常の利益－実際の利率)×50％」に相当する利率による複利現価率

　本事例の場合 180 万円が特別の経済的利益の額に当たります。

① 基準年利率の算出

貸付期間に応じた通常の利率 0.2％	×	50％	＝	国税庁基準年利率 0.1％

② 財産評価基本通達に定める基準利率に応じた複利現価率の算出

利率 0.1％に相当する利率による複利原価率
0.970（小数点以下第 4 位切り上げ）

③ 特別の経済的利益の額の算出

保証金の額		保証金の額		複利現価率		
6,000 万円	－	6,000 万円	×	0.970％	＝	180 万円

⑵ [STEP2] 権利金収入と所得区分の判定

　実際に収受する権利金の額と特別の経済的利益の額の合計額が土地の時価の50％を超える場合は権利金収入とみなされ、特別の経済的利益の額を借地権の額に加算します。この場合の所得区分は譲渡所得となります。

　実際に収受する権利金の額と特別の経済的利益の額の合計額が土地の時価の50％以下で不動産所得となる場合は、特別な経済的利益の額を不動産所得の収入金額に加える必要はありません。

　本事例の場合、権利金の額と特別の経済的利益の額の合計額が土地の時価の50％以下となるため、権利金収入とはならず、特別な経済的利益額の 180 万円を不動産所得とする必要はありません。

権利金の額		特別の経済的利益の額		土地の価額				
0 円	＋	180 万円	≦	10,000 万円	×	50％	＝	5,000 万円
∴権利金収入ではない・不動産所得への加算不要								

設定時	設定中	返還時
権利金収受方式	通常の地代	立退料あり

借地権の契約期間が満了し借地権を返還してもらうことになりました。
借地権の返還の対価として，借地人に立退料を支払うとともに，借地人の
建物を買い取ります。この場合の税務上の取扱いはどうなりますか？

- 更地価額　　　　　　10,000 万円
- 借地権帳簿価額　　　 5,000 万円
　　　　　（設定時権利金の額）
- 借地権適正時価　　　 6,000 万円
　　　　　　　　　（立退料）
- 建物購入金額　　　　 1,200 万円
　　　（帳簿価額で売買・適正時価）
- 相当の地代　　　　　年額 600 万円
- 実際の地代　　　　　年額 400 万円

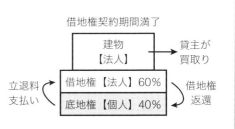

Point

☑　貸主個人は借地権の返還にあたり支払った立退料を土地の取得費に加算
します。

☑　借主法人は借地権を譲渡したものとして，収受した立退料を益金に算入す
るとともに，借地権の帳簿価額を譲渡原価として損金に算入します。

❶ 返還時の課税関係

　相当の地代方式と無償返還の届出方式の場合，借地権設定時に権利金の収受がないことから，借地権返還時に立退料の支払いは生じず，税務上の課税関係は発生しません。権利金収受方式の場合，借地権返還時の借地権の対価として，立退料の支払いが生じます。借主側は，受け取る立退料を収入に計上し，貸主側は，支払った立退料を土地の帳簿価額に加算します。

　貸主側が立退料を土地の帳簿価額に加算する理由は，立退料を支払って借地権を消滅させたことで土地が更地の利用状態に戻り，制限されていた貸主の使用収益権が回復するため，会計・税務上の土地の帳簿価額についても，借地権設定前の状態に戻すことを前提としているためです。

　建物の売買については，貸主側は建物の購入代金を建物の「取得価額」とします。ただし，建物を購入した後すぐに取り壊すなど，建物の買取が土地を利用するための買取りである場合は，「土地の取得価額」とされます。借主側は建物を譲渡したものとして課税されます。

　借地権の返還は借地権の「譲渡」として取り扱われますので，借地人が個人か法人かを問わず，受け取った立退料・建物売却収入については，一定の要件を満たす場合，特定資産の買換特例や交換の特例などの適用を受けることができます。

| | | 貸主個人 | | 借主法人 | |
		支払立退料	建物購入費用	立退料収入	建物売却収入
権利金方式		土地の取得費	建物取得費 ※一定の場合 土地の取得費	立退料適正額を益金算入 借地権簿価を損金算入	譲渡収入
相当の 地代方式	地代改訂方式	-		-	
	地代据置方式	土地の取得費		立退料適正額を益金算入	
無償返還方式					

❷ 貸主個人の税務処理

　貸主個人が借地の返還を受けた場合は，実際に支払った立退料6,000万円をその土地の取得費に加算します。

　建物については，未償却残高である帳簿価額1,200万円を建物の取得価額として資産に計上します。

借地権取得費	（土　　地）	6,000万円	／	（現金預金）	6,000万円
建物取得費	（建　　物）	1,200万円	／	（現金預金）	1,200万円

❸ 借主法人の税務処理

　借地権の返還は，借地権の「譲渡」として扱われます。本事例の場合，借地権の時価である適正な立退料を受け取っているため，立退料6,000万円をを益金に算入するとともに，借地権の帳簿価額5,000万円を譲渡原価として損金に算入します。建物については，譲渡に係る仕訳を行います。

立退料収入	（現金預金）	6,000万円	／	（立退料収入）	6,000万円
	（土地譲渡原価）	5,000万円	／	（借　地　権）	5,000万円
建物売却収入	（現金預金）	1,200万円	／	（建　　物）	1,200万円

設定時	設定中	返還時
権利金収受方式	通常の地代	立退料なし

借地権の契約期間が満了し，借地権を地主に返還することになりました。
この辺りは，借地権返還時に立退料の取引慣行がある地域に該当しますが，
借地権の返還の際，適正な立退料の支払いをしない場合，税務上の取扱い
はどうなりますか。

- 更地価額　　　　　　10,000 万円
- 借地権帳簿価額　　　5,000 万円
　　　（設定時権利金の額）
- 借地権割合　　　　　60%
- 借地権適正時価　　　6,000 万円
- 設定時に損金に算入した金額なし
- 現在の地代　　　　　通常の地代

Point

☑　適正な立退料を受け取らずに，無償で借地権の返還をした場合には，借主
法人は立退料の認定課税が行われ，貸主個人は法人との関係により給与所得
又は一時所得として課税されます。

■1 借地権返還時の課税関係 ─────────────

　税務上，借地権の返還は借地権の「譲渡」として扱われます。

　相当の地代方式（改訂方式）と無償返還の届出方式の場合，税務上，借地権の価額をゼロと考えるため，借地権返還時において，適正な立退料の支払いがなかったとしても課税関係は生じません。

　一方，本事例のような権利金収受方式においては，借地権返還時に立退料の取引慣行がある地域にもかかわらず，立退料の全部又は一部の支払いがされない場合，税務上は借地権相当の立退料の受取りがあったものとして取り扱われます。

■2 貸主個人の課税関係 ─────────────

　借主法人が適正な立退料を受け取らずに，無償で借地の返還をした場合には，原則として借地権相当額の立退料の認定課税が行われます。

　その結果，相手方である貸主個人に対して借主法人から贈与が行われたこととなり，一時所得として課税されます。貸主個人が借主法人の役員である場合は給与所得として課税されます。返還を受けた借地権については，借地権相当額を土地の帳簿価額に加算します。

（土　　地）6,000万円　／　（受　贈　益）6,000万円
一時所得・給与所得

■3 借主法人の課税関係 ─────────────

　借地権の返還の際に，通常は適正な立退料を収受するにもかかわらず収受しなかった場合には，借地権を無償で貸主個人に返還したとして立退料の認定課税が行われます。借主法人は適正な立退料を受領したものとして益金に計上するとと

もに，貸主個人が借主法人の役員である場合には同額を役員賞与等とします。貸主個人と借主法人との間に関係性がない場合は寄附金とします。役員賞与・寄附金ともに一定額は損金不算入となります。

（寄附金等）6,000 万円　／　（認定立退料収入）6,000 万円
損金不算入
（土地譲渡原価）5,000 万円　／　（土　　地）5,000 万円

　なお，本来あるべき立退料の一部だけ受け取った場合は，本来あるべき立退料の額と受け取った立退料の額との差額に対し認定課税が行われます。
　借地権の帳簿価額は，返還に際し減額するとともに，譲渡原価として同額を損金に算入します。

４　適正な立退料の額

(1)　権利金収受方式の場合

　借地権の設定時に通常の権利金のやり取りがある場合の適正な立退料の額は，原則，通常取引される借地権の価額によります。

適正な立退料 ＝ 土地の更地価額 × 借地権割合

　本事例の場合，適正な立退料の額は土地の更地価額 10,000 万円×借地権割合 60％＝ 6,000 万円となります。
　上記算式中の「借地権割合」は，国税当局が倍率表や路線価図によって公表している借地権割合を使うことが多いと思われますが，この割合は相続税申告に当たり土地等の評価額を求めるための割合であり，個々の土地の個別的要因は加味されません。法人税や所得税の計算における利益への課税に当たっては，不動産鑑定評価等によって算出された借地権の取引価額を用いても問題ないものと考えられます。

⑵ 相当の地代方式の場合

① 地代改訂方式の場合

　相当の地代改訂方式又は相当の地代の支払いがある場合は，権利金に代えて相当の地代による方法が選択され，その後の地価の上昇とともに地代についても改訂されることになります。よって，借地権の返還時にも相当の地代を支払っていることになり，借地権の価額はないものとされ，適正な立退料の額もゼロとなります。

② 地代据置方式の場合

　地代据置方式の場合は，権利金に代えて相当の地代による方法を選択したものの，その後土地の地価が上昇しても地代の改訂がされていません。よって借地権の返還時には，相当の地代に満たない地代のやりとりとなっています。

　この場合，次の区分に応じた金額が適正な立退料の金額とされます。

〔ｉ〕　通常の地代＜実際の地代＜相当の地代の場合

適正な立退料 ＝ 返還時の土地の更地価額 ×（１－ 実際の地代年額 ／ 相当の地代年額）

　土地の更地価額 10,000 万円，相当の地代 500 万円，実際の地代 400 万円の場合，以下のように算出します。

$$\text{返還時の土地の更地価額} \atop 10,000\,\text{万円} \times \left(1 - \frac{\overset{\text{実際の地代}}{400\,\text{万円}}}{\underset{\text{相当の地代}}{500\,\text{万円}}}\right) = \text{適正な立退料} \atop 2,000\,\text{万円}$$

〔ⅱ〕　実際の地代 ≦ 通常の地代 ＜ 相当の地代の場合

通常の借地権の価額　＝　土地の更地価額　×　借地権割合

実際の地代が通常の地代以下の場合，借地権が既に借地人に移転していると考えられるため，返還時の適正な立退料は，通常の借地権の価額となります。

土地評価額		借地権割合		適正な立退料
10,000万円	×	60%	=	6,000万円

⑶　無償返還届出方式の場合

　将来土地を無償で返還することを条件としているため，借地権の価値はないものとされ適正な立退料はゼロとなります。

第 **3** 章

借地権の問題解決事例
（貸主法人・借主個人）

通常の権利金と通常の地代を授受する場合

設定時	設定中	相続時
通常の権利金	通常の地代	通常の地代

同族法人が所有している土地を，オーナー経営者個人に賃貸することになりました。この場合の課税関係を教えてください。

・土地の時価　　　　　　10,000万円
・相続税評価額　　　　　8,000万円
　　　　　　（自用地評価額）
・借地権割合　　　　　　60%
・実際の権利額　　　　　6,000万円
　　　　　　（通常の権利金）
・土地の帳簿価額　　　　3,000万円
・実際の地代　　　　年額240万円
　　　　　　（通常の地代）

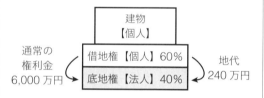

Point

☑　貸主法人は受け取った権利金を益金に計上します。また，借地権の設定により設定後の土地の価額が設定前の価額の10分の5以上下落する場合は土地を譲渡したものとして土地の帳簿価額の一部を損金に算入します。

1 設定時の課税関係

(1) 貸主法人の課税関係
① STEP1 権利金の益金算入

　貸主である法人は借地権設定時に受け取った権利金額 6,000 万円が法人税法上の益金に算入されます。

$$（現金預金）6,000 万円　／　（権利金収入）6,000 万円$$

② STEP2 土地の帳簿価額の損金算入の判定

　借地権の設定により設定後の土地の価額が設定前の価額の 10 分の 5 以上下落する場合は，土地の一部を譲渡したものとして土地の帳簿価額の一部を損金に算入します（法令 138）。本事例の場合は設定後の価額が設定前の 10 分の 4 となるため 1,800 万円を損金に算入します。

$$\underset{\text{権利金}}{6,000\,万円} \geq \underset{\text{設定前の土地価額}}{10,000\,万円} \times \frac{5}{10} = 5,000\,万円 \quad \therefore \underset{\text{土地の帳簿価額}}{3,000\,万円} \times \frac{\underset{\text{借地権価額}}{6,000\,万}}{\underset{\substack{\text{設定直前の土地価額}}}{10,000\,万円}} = \underset{\text{損金算入}}{1,800\,万円}$$

$$（損　　金）1,800 万円　／　（土　　地）1,800 万円$$

(2) 借主個人の課税関係

　借主個人は法人に支払った権利金額 6,000 万円が借地権の取得価額になります。設定時には課税関係は生じません。

$$（借 地 権）6,000 万円　／　（現金預金）6,000 万円$$

2 設定中の課税関係 ─────────────

(1) 貸主法人の課税関係

　設定時に通常の権利金を収受している場合，貸主法人は，借主個人から受け取る「通常の地代」が適正な地代と考えられ，法人税法上の益金に算入されます。

（現金預金）240万円 ／ （地代収入）240万円	

(2) 借主個人の課税関係

　借主個人は，借地を事業の用に供している場合，実際に法人地主に支払う地代の額240万円が所得税法上の必要経費となります。

（支払地代）240万円 ／ （現金預金）240万円	

3 相続時の課税関係 ─────────────

(1) 貸主法人の課税関係

　貸主法人の株式を所有している借主個人に相続が発生した場合には，法人が所有する貸宅地評価額を法人の株価評価における純資産価額の計算上，資産に加算します。法人株式はオーナーの相続財産となるため，相続税が課税されます。借地権の設定時に通常の権利金を収受している場合の貸宅地の評価額は，自用地評価額から借地権の価額を控除して算定します。

＜貸宅地評価額の算定方法＞

自用地評価額		借地権割合		貸宅地評価額
8,000万円	×	（1 － 60%）	＝	3,200万円

150

⑵ 借主個人の課税関係

　借主個人に相続が発生した場合には，借地権が相続税の課税対象とされます。借地権の設定時に通常の権利金を支払っている場合の借地権の評価額は，自用地評価額に借地権割合を乗じて算定します。

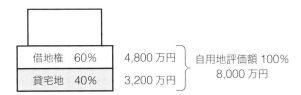

通常の権利金と通常の地代未満の地代を授受する場合

設定時	設定中	相続時
通常の権利金	通常の地代未満	通常の地代未満

> 同族法人が所有している土地を，オーナー経営者個人に賃貸することになりました。この場合の課税関係を教えてください。

・土地の時価　　　　 10,000 万円
・相続税評価額　　　 8,000 万円
　　（自用地評価額）
・借地権割合　　　　 60％
・実際の権利価額　　 6,000 万円
　　（通常の権利金）
・土地の帳簿価額　　 3,000 万円
・実際の地代　　 年額 100 万円
・通常の地代　　 年額 240 万円

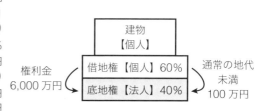

Point

☑ 通常の地代と実際の地代の差額については地代の認定課税が行われることになりますが，定期同額給与に該当すれば損益が両建てとなり相殺されるため，課税所得への影響はありません。

☑ 借主個人は通常の地代と実際の地代の差額について地代の認定課税を受けた場合，給与所得として課税されることになります。

1 設定時の課税関係

(1) 貸主法人の課税関係

事例 14 **1**(1)と同様です。

(2) 借主個人の課税関係

事例 14 **1**(2)と同様です。

2 設定中の課税関係

(1) 貸主法人の課税関係

設定時に通常の権利金を収受している場合，貸主法人は，借主個人から受け取る「通常の地代」が適正な地代と考えられ，法人税法上の益金に算入されます。実際に受け取る地代の額が通常の地代よりも低い場合，通常の地代と実際の地代との差額部分は借主が貸主から利益を受けたことになるため，地代の認定課税が行われる可能性があります。本事例では，借主個人が法人のオーナー経営者であるため，通常の地代 240 万円と実際の地代 100 万円の差額 140 万円が役員報酬となります。この役員報酬が定期同額給与に該当する場合には役員報酬のうち損金不算入となる額はありませんので益金と損金が相殺され，貸主法人側では課税所得への影響はありません。

```
（現金預金）100 万円  ／  （地代収入）100 万円
（役員報酬）140 万円  ／  （地代収入）140 万円（定期同額給与であれば課税所得への影響なし）
              損益相殺
```

⑵ 借主個人の課税関係

　借主個人は，借地を事業の用に供している場合，実際に貸主法人に支払う地代の額 100 万円が所得税法上の事業所得等の必要経費となります。加えて，通常の地代と実際に支払う地代との差額部分は，借主が貸主から利益を受けたことになるため，利益部分に課税を受ける可能性があります。本事例では，借主個人は貸主法人のオーナー経営者であるため，通常の地代と実際の地代との差額が給与所得に当たる可能性があります。ただし，金額が多額でなければ，実務上認定課税を受けるケースは多くないものと思われます。

（支払地代）100 万円　／　（現金預金）100 万円
＋
給与所得課税の可能性有

　なお，貸主法人の役員である借主個人が借地を「居住」の用に供する場合には，「その年度の固定資産税評価額× 6％－実際の地代」を超える金額が給与所得として課税されます。したがって，法人が役員に住宅等の敷地を貸し付けた場合，給与所得としての課税を避けるためには，固定資産税評価額の 6％相当の地代を徴収する必要があります。

❸　相続時の課税関係 ─────────────

⑴　貸主法人の課税関係

　事例 14 ❸⑴と同様です。

⑵　借主個人の課税関係

　事例 14 ❸⑵と同様です。

事例 16　通常の権利金未満を収受し相当の地代の授受がある場合

設定時	設定中	相続時
権利金が低額	相当の地代	相当の地代未満

> 　法人が所有している土地を，オーナー経営者個人に賃貸します。設定時は通常の権利金に満たない権利金を収受しています。地代の額は相当の地代としていますが課税上弊害はないでしょうか。

- ・土地の時価　　　　　　10,000万円
- ・近傍類地の公示価額等　9,000万円
- ・相続税評価額（自用地評価額）
　　　　　　　　　　　　8,000万円
- ・相続税評価額の過去3年平均
　　　　　　　　　　　　7,000万円
- ・借地権割合　　　　　　　　60%
- ・通常の権利金額　　　　6,000万円
- ・実際に支払った権利金　4,000万円
- ・実際の地代　　　　　年額300万円

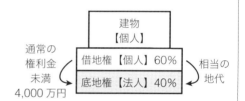

Point

- ☑　貸主法人・借主個人共に，通常の権利金に満たない権利金を収受している場合でも，不十分な権利金額に応じた相当の地代を収受していれば，権利金の認定課税は行われまん。

- ☑　通常の地代＜実際の地代＜相当の地代の場合の借地権の相続税評価額は相当の地代と実際の地代との乖離分に対して借地権割合を調整して算出します。

❶ 設定時の課税関係 ────────────────

⑴ 貸主法人の課税関係

① STEP1 権利金の益金算入

　通常の権利金に満たない権利金しか収受していない場合でも，その権利金額に応じた相当の地代を受け取っている場合は権利金の認定課税は行われません。貸主である法人は実際に受け取った権利金額 4,000 万円が益金に算入されます。

（現金預金）4,000 万円 　/　 （権利金収入）4,000 万円

② STEP2 土地の帳簿価額の損金算入

　借地権の設定により，設定後の土地の価額が設定前の価額の 10 分の 5 以上下落する場合は，土地の一部を譲渡したものとして土地の帳簿価額の一部を損金に算入します（法令 138）。本事例の場合は，設定後の価額が設定前の価額の 10 分の 6 となるため，損金に算入することはできません。

実際の権利金　　 設定前の土地価額
$4,000 \text{ 万円} \quad < \quad 10,000 \text{ 万円} \quad \times \quad \dfrac{5}{10} \quad = \quad 5,000 \text{ 万円} \quad \rightarrow$ よって損金算入不可

⑵ 借主個人の課税関係

　借主個人は，通常の権利金に満たない権利金を支払った場合でも，その権利金額に応じた相当の地代を支払っている場合は権利金の認定課税は行われません。法人に支払った権利金額 4,000 万円が借地権の取得価額になります。

（借　地　権）4,000 万円 　/　 （現金預金）4,000 万円

② 設定中の課税関係

(1) 貸主法人の課税関係

① STEP1 通常の権利金かどうかの判定

実際の権利金額が通常の権利金かどうかを判定します。

通常の権利金		実際の権利金	
6,000 万円	>	4,000 万円	∴通常の権利金に満たない

② STEP2 相当の地代の判定

実際に収受した権利金が通常の権利金より低い場合でも，次の算式により計算した相当の地代 252 万円以上の地代を収受していれば，不十分な権利金額に即した相当の地代を受け取っていることになるため，権利金の認定課税は行われません（法基通 13 − 1 − 2）。

一方，相当の地代を収受していない場合は，地代の認定課税ではなく，権利金の認定課税が行われます。これは，相当の地代方式を選択したにもかかわらず，相当の地代の収受が十分でないならば，その不足に対応する部分は収受すべき権利金に該当すると考えられるためです。

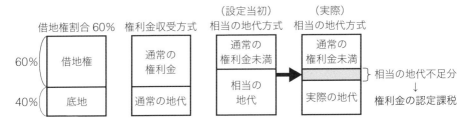

<第3章 借地権の問題解決事例（貸主法人・借主個人） 157>

上記算式中の土地の更地価額は次の(i)～(iv)のいずれかの方法により算出します。

(i) 10,000 万円		(ii) 9,000 万円		(iii) 8,000 万円		(iv) 7,000 万円
通常の取引価額	＞	近傍類地の公示価額等	＞	相続税評価額	＞	相続税評価額の過去3年平均

(ii)～(iv)の価額を「土地の更地価額」として採用した場合は，上記算式中の「受け取った権利金の額」を修正します。本事例の場合，(iv)相続税評価額の過去3年平均を更地価額として採用するため，受け取った権利金額を次の算式の通り修正します。

$$\text{受け取った権利金の額} \atop 4,000\text{万円} \quad \times \quad \frac{\overset{\text{(ii)～(iv)のうち一番低い価額}}{7,000\text{万円}}}{\underset{10,000\text{万円}}{\text{土地の更地としての通常の取引価額}}} \quad = \quad 2,800\text{万円}$$

本事例の場合，$\boxed{\text{STEP1・2}}$より，通常の権利金に満たない権利金しか収受していませんが，不十分な権利金に即した相当の地代を受け取っているため，権利金の課税はありません。よって，受け取る相当の地代を益金に算入するのみとなります。

（現金預金）300 万円 ／ （地代収入）300 万円

(2)　借主個人の課税関係

借主個人は，借地を事業の用に供している場合，法人地主に支払う地代の額300万円が所得税法上の必要経費となります。通常の権利金に満たない権利金しか支払っていませんが，(1)$\boxed{\text{STEP1・2}}$の判定により，相当の地代の支払いがあるため，権利金の認定課税はありません。

（支払地代）300 万円 ／ （現金預金）300 万円

3 相続時の課税関係 ───────────────────────

(1) 貸主法人の課税関係

　貸主法人の株式を所有している借主個人に相続が発生した場合には，法人株式がオーナーの相続財産となり，相続税が課税されます。株価評価に当たっては，法人が所有する貸宅地を純資産価額の計算上，資産に加算します。

　貸宅地の相続税評価額は，借地権設定時の権利金の額にかかわらず，相続時に実際に収受している地代の額に基づき算出します。

　よって，本事例の場合，設定時・設定中の課税は**1**・**2**の通り「権利金の額に即した相当の地代を収受している」ものとして考えますが，相続時は次の STEP1・2 の判定により「相当の地代に満たない地代の支払いしかない」ものとして貸宅地評価額を算出します。

　相続時に「通常の地代＜実際の地代＜相当の地代」となっている場合における貸宅地の評価額は次のステップに従い計算します。

① STEP1 通常の地代の算出

　通常の地代の額は，原則として周辺の相場に基づき算出しますが，原則によることが難しい場合は，相続税評価額の過去3年平均等を用いて算出した貸宅地価額の6％を使用します。

相続税評価額の過去3年平均		借地権割合				通常の地代の年額
7,000万円	×	（ 1 － 60% ）	×	6%	＝	168万円

② STEP2 相当の地代の算出

　相当の地代の額は相続税評価額の過去３年平均の６％で算出します。設定時の権利金額は考慮しません。

相続税評価額の過去３年平均		相当の地代の年額
7,000 万円 × 6% =		420 万円

通常の地代	実際の地代	相当の地代
∴ 168 万円 ＜	300 万円 ＜	420 万円

③ STEP3 借地権評価額の算出

　地代の支払いが「通常の地代＜実際の地代＜相当の地代」の場合，次の算式により借地権評価額を算出します。下記算式中の {　} 内の算式により，相当の地代と実際の地代の乖離分に対して，借地権割合を調整することになります。

$$
\text{自用地評価額} \times \text{借地権割合} \times \left\{ 1 - \frac{\text{実際支払地代の年額} - \text{通常の地代の年額}}{\text{相当の地代の年額} - \text{通常の地代の年額}} \right\} = \text{借地権価額}
$$

$$
8{,}000\,\text{万円} \times 60\% \left\{ 1 - \frac{300\,\text{万円} - 168\,\text{万円}}{420\,\text{万円} - 168\,\text{万円}} \right\} = 2{,}285\,\text{万円}
$$

④ STEP4 貸宅地評価額の算出

　貸宅地の評価額は自用地評価額から STEP3 で求めた借地権評価額を控除して算出します。ただし，貸宅地の価額が自用地評価額の80％を超える場合には，自用地評価額×80％で評価します。

自用地評価額	借地権価額	貸宅地評価額	自用地評価額
8,000 万円 －	2,285 万円 ＝	5,715 万円 ＜	8,000 万円 × 80% ＝ 6,400 万円

∴ 5,715 万円が貸宅地評価額

⑵　借主個人の課税関係

　借主個人に相続が発生した場合，借地権を相続財産に計上します。借地権評価額は⑴の STEP3 により算出した 2,285 万円になります。

$$自用地評価額 \times 借地権割合 \times \left\{ 1 - \frac{実際支払地代の年額 - 通常の地代の年額}{相当の地代の年額 - 通常の地代の年額} \right\} = 借地権価額$$

$$8{,}000 万円 \times 60\% \left\{ 1 - \frac{300 万円 - 168 万円}{420 万円 - 168 万円} \right\} = 2{,}285 万円$$

事例 **17** 通常の権利金未満を授受し相当の地代未満の地代を支払っている場合

設定時	設定中	相続時
権利金が低額	相当の地代未満	相当の地代未満

法人が所有している土地を，オーナー経営者個人に賃貸します。設定時は通常の権利金に満たない権利金を収受し，地代の額は年 220 万円とする予定ですが課税上弊害はないでしょうか。

・土地の更地価額　　10,000 万円
・近傍類地の公示価額等
　　　　　　　　　　9,000 万円
・相続税評価額（自用地評価額）
　　　　　　　　　　8,000 万円
・相続税評価額の過去 3 年平均
　　　　　　　　　　7,000 万円
・借地権割合　　　　　　60%
・通常の権利金額　　6,000 万円
・実際に支払った権利金
　　　　　　　　　　4,000 万円
・実際の地代　　年額 220 万円

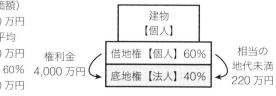

Point

☑　貸主法人は通常の権利金に満たない権利金を収受し，かつ相当の地代未満の地代を収受している場合，権利金の認定課税が行われます。

☑　貸主法人の役員である借主個人は，法人が受ける認定課税額と同額が給与所得として課税されます。

162

☑ 通常の地代＜実際の地代＜相当の地代の場合の借地権の相続税評価額は相当の地代と実際の地代との乖離分に対して借地権割合を調整して算出します。

1 設定時の課税関係

(1) 貸主法人の課税関係

法人が借地権の設定により土地を使用させる場合，通常，権利金を収受する慣行があるにもかかわらず通常の権利金に満たない権利金しか収受していないときには，原則として，権利金の認定課税が行われます。しかし，不十分な権利金の収受に代えてその権利金額に応じた相当の地代を収受しているときは，権利金の認定課税は行われません。

本事例の場合，通常の権利金に満たない権利金を収受しており，地代も相当の地代未満のため，権利金の認定課税が行われます。法人は経済合理性を追求すると考えるため，法人が貸主の場合は，権利金収入が認定課税されることがある点に特に注意する必要があります。

権利金の認定課税が行われるかの判定は以下の STEP により行います。

① STEP1 通常の権利金かどうかの判定

まず，実際の権利金が通常の権利金額か確認します。

通常の権利金		実際の権利金	
6,000万円	＞	4,000万円	∴通常の権利金に満たない

② 〔STEP2〕 相当の地代の判定

　実際に収受した権利金が通常の権利金より低い場合でも，次の算式により計算した不十分な権利金に即した地代を収受すれば，相当の地代を収受しているものとして，権利金の認定課税は行われません（法基通13-1-2）。本事例の場合，実際の地代が不十分な権利金に即した相当の地代に満たないため，権利金の認定課税が行われます。

＜相当の地代の出し方＞

その土地の更地価額　　受け取った権利金の額　　　　　相当の地代　実際の地代 ∴相当の地代未満の
（7,000万円　 － 　2,800万円）　×6％＝252万円 ＞ 220万円　ため認定課税あり

　上記算式中の土地の更地価額は次の(ii)～(iv)のいずれかの方法により算出します。

(i) 10,000万円　　　　(ii) 9,000万円　　　　(iii) 8,000万円　　　　(iv) 7,000万円

| 通常の取引価額 | ＞ | 近傍類地の公示価額等 | ＞ | 相続税評価額 | ＞ | 相続税評価額の過去3年平均 |

　(ii)～(iv)の価額を土地の更地価額として採用した場合は，上記算式中の「受け取った権利金の額」を修正します。本事例の場合，認定課税額を抑えるために一番価額が低い(iv)相続税評価額の過去3年平均を更地価額として採用するため，受け取った権利金額を次の算式の通り修正します。

　　　　　　　　　　　　　　　　　(ii)～(iv)のうち選択した価額
受け取った権利金の額　　　　　　　　7,000万円
　　4,000万円　　　×　──────────────────　＝　2,800万円
　　　　　　　　　　　　土地の更地としての通常の取引価額
　　　　　　　　　　　　　　　　　10,000万円

③ 〔STEP3〕 認定課税額の算出

　通常の権利金未満の権利金しか収受せず，相当の地代未満の地代を受け取っている場合には，権利金の認定課税が行われます。借主個人が貸主法人の役員であ

る場合は役員賞与，貸主法人との間に関係性がない場合は寄附金となります。

本事例の場合，下記の算式により算出した761万円が権利金収入として認定され，同額が役員賞与となります。この役員給与は，定期同額給与等の要件を満たさないため，損金に算入することはできません。

$$\text{更地価額}~10,000\text{万円} \times \left(1 - \frac{\substack{\text{実際の地代}\\220\text{万円}}}{\substack{\text{相当の地代}\\420\text{万円}^{(※)}}}\right) - \text{実際の権利金額}~4,000\text{万円} = \text{認定課税額}~761\text{万円}$$

> （※）　算式の「相当の地代」は，実際に収受している権利金の額がある場合でも，この金額がないものとして計算します。また，算出した金額が通常収受すべき権利金の額を超える場合には，当該権利金の額にとどめます。

④　STEP4 土地の帳簿価額の損金算入の判定

借地権の設定により，設定後の土地の価額が設定前の価額の10分の5以上下落する場合は，土地の一部を譲渡したものとして土地の帳簿価額の一部を損金に算入します（法令138）。

本事例の場合，設定後の価額が設定前の10分の5以上下落しないため，損金に算入する金額はありません。

> ＜権利金額の算定＞
>
> $$\underset{4,000\text{万円}}{\text{実際に収受した権利金}} + \underset{761\text{万円}}{\text{認定された権利金}} = 4,761\text{万円}$$

> $$\underset{4,761\text{万円}}{\text{権利金の額}} < \underset{10,000\text{万円}}{\text{設定前の土地価額}} \times \frac{5}{10} = 5,000\text{万円} \quad \therefore \text{損金算入なし}$$

本事例において，権利金の認定課税を避けるためには，通常の権利金の支払いを行うか，不十分な権利金の額に応じた相当の地代を支払う必要があります。借主個人の資金負担力が十分でない場合は，権利金の額をゼロとし無償返還の届出の提出に代えることで認定課税を避けることもできます。

⑵ 借主個人の課税関係

借主個人も，上記⑴の STEP1 から STEP3 の手順に従い，借地権の認定課税額を算出します。本事例の場合761万円がオーナーである借主個人の給与所得として課税されます。借主個人と貸主法人との間に関係性がない場合は一時所得として課税されることになります。

2 設定中の課税関係 ──────────────

⑴ 貸主法人の課税関係

通常の権利金未満の権利金を収受し，実際に受け取る地代が相当の地代に満たない場合，「権利金」の認定課税が行われるため地代は適切な額とみなされ「地代」の認定課税は行われません。本事例の場合，実際に受け取っている地代220万円が益金に算入されます。

（現金預金）220万円 ／ （地代収入）220万円

⑵　借主個人の課税関係

　通常の権利金未満の権利金を支払い，実際に支払う地代が相当の地代に満たない場合，**１**の通り「権利金」相当額の受贈益の認定課税が行われるため，地代は適切な額とみなされ「地代」の認定課税は行われません。本事例の場合，オーナー個人が，借地を事業の用に供している場合，実際に法人地主に支払う地代の額220万円が所得税法上の必要経費となります。

（支払地代）220万円　　／　　（現金預金）220万円

３　相続・贈与時の課税関係

⑴　貸主法人の課税関係

　貸主法人の株式を所有している借主個人に相続が発生した場合には，貸宅地を法人の株価評価における純資産価額の計算上，資産に加算します。法人株式はオーナーの相続財産となるため，相続税が課税されます。

　貸宅地の相続税評価額は，借地権設定時の権利金の額にかかわらず，実際に収受している地代の額に基づき算出します。

　相続時に「通常の地代＜実際の地代＜相当の地代」となっている場合における貸宅地の評価額は次のステップに従い計算します。

①　STEP1　通常の地代の算出

　通常の地代の額は，原則として周辺の相場に基づき算出しますが，原則によることが難しい場合は，相続税評価額の過去3年平均等を用いて算出した貸宅地価額の6％を使用します。

相続税評価額の過去3年平均		借地権割合		通常の地代の年額
7,000万円	×	（ 1 － 60％ ）	× 6％ ＝	168万円

---

② STEP2 相当の地代の算出

　相当の地代の額は相続税評価額の過去３年平均の６％で算出します。設定時の権利金額は考慮しません。

相続税評価額の過去３年平均		相当の地代の年額
7,000万円　×　6%　=		420万円

通常の地代	実際の地代	相当の地代
∴ 168万円 　<	220万円 　<	420万円

③ STEP3 借地権評価額の算出

　地代の支払いが「通常の地代＜実際の地代＜相当の地代」の場合，次の算式により借地権評価額を算出します。下記算式中の｛　｝内の算式により，相当の地代と実際の地代の乖離分に対して，借地権割合を調整することになります。

$$\text{自用地評価額} \times \text{借地権割合} \times \left\{ 1 - \frac{\text{実際支払地代の年額} - \text{通常の地代の年額}}{\text{相当の地代の年額} - \text{通常の地代の年額}} \right\} = \text{借地権価額}$$

$$8{,}000\text{万円} \times 60\% \times \left\{ 1 - \frac{220\text{万円} - 168\text{万円}}{420\text{万円} - 168\text{万円}} \right\} = 3{,}809\text{万円}$$

④ STEP4 貸宅地評価額の算出

　貸宅地の評価額は自用地評価額から STEP3 で求めた借地権評価額を控除して算出します。ただし，貸宅地の価額が自用地評価額の80％を超える場合には，自用地評価額×80％で評価します。

自用地評価額	借地権価額		貸宅地評価額	自用地評価額	
8,000万円 　−	3,809万円 　=		4,191万円 　<	8,000万円 　×80%	= 6,400万円
∴ 4,191万円が貸宅地評価額					

⑵ 借主個人の課税関係

　借主個人に相続が発生した場合，借地権を相続財産に計上します。借地権の相続税評価額は，借地権設定時の権利金の額に関わらず，実際に支払っている地代の額に基づき算出します。

　相続時に「通常の地代＜実際の地代＜相当の地代」となっている場合における借地権の評価額は⑴の STEP3 により算出した 3,809 万円になります。

事例 18 権利金の支払いがなく，相当の地代の支払いがある場合

設定時	設定中	相続時
権利金なし	相当の地代	相当の地代

同族法人が所有している土地を，オーナー経営者個人に賃貸しています。借地権の設定に際し権利金のやりとりは行わず，地代として相当の地代年額 420 万円を受け取る契約となっています。この場合の税務上の取扱いについて教えてください。

・土地の時価　　　　　　　10,000 万円
・近傍類地の公示価額等　　 9,000 万円
・相続税評価額（自用地評価額）
　　　　　　　　　　　　　 8,000 万円
・相続税評価額の過去 3 年平均
　　　　　　　　　　　　　 7,000 万円
・借地権割合　　　　　　　　　 60%
・通常の権利金額　　　　　 6,000 万円
・実際の権利金額　　　　　　　 0 円
・実際の地代（相当の地代）
　　　　　　　　　　　　 年額 420 万円

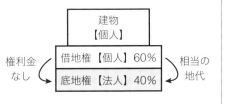

Point

☑ 貸主法人・貸主個人双方共に権利金の収受に代えて相当の地代を収受しているため，権利金の認定課税はありません。

☑ 借地権設定時に権利金の支払いがなく，課税時期に相当の地代の支払いがある場合の貸宅地の相続税評価額は自用地評価額の 80%，借地権の相続税評価額はゼロになります。

■1 設定時の課税関係

(1) 貸主法人の課税関係

　権利金の取引慣行がある地域において，権利金の収受に代えて相当の地代を収受する場合，土地の使用に係る取引は正常な条件でされたものとして借地権設定時に権利金の認定課税が行われることはありません。

　相当の地代の年額は，以下の算式により計算します。算式中の「土地の更地価額」は，課税上弊害がない限り，次の(ⅰ)〜(ⅳ)いずれかの金額を用いることができます。課税上弊害がある場合とは，例えば，この取扱いを悪用することで不当な利益の移転が生じる場合や租税回避となる場合などが挙げられます。

(ⅰ) 10,000 万円		(ⅱ) 9,000 万円		(ⅲ) 8,000 万円		(ⅳ) 7,000 万円
通常の取引価額	＞	近傍類地の公示価額等	＞	相続税評価額	＞	相続税評価額の過去３年平均

＜相当の地代＞

　土地の更地価額　　　　相当の地代　　実際の地代　　∴本事例の場合権利金の
　7,000 万円　×　6%　＝　420 万円　＝　420 万円　　　認定課税なし

(2) 借主個人の課税関係

　権利金の取引慣行がある地域において，権利金の支払いに代えて相当の地代を支払う場合，土地の使用に係る取引は正常な条件でされたものとして借地権設定時に権利金の認定課税が行われることはありません。

❷ 設定中の課税関係 ────────────────

(1) 貸主法人の課税関係
貸主法人は借主個人から受け取る相当の地代 420 万円が法人税務上の益金になります。

（現金預金）420 万円 ／ （地代収入）420 万円

(2) 借主個人の課税関係
借主個人が借地を事業の用に供している場合は，地代の額 420 万円が必要経費に算入されます。

（支払地代）420 万円 ／ （現金預金）420 万円

❸ 相続時の課税関係 ────────────────

(1) 貸主法人の課税関係
貸主法人の株式を所有している借主個人に相続が発生した場合には，法人株式はオーナーの相続財産となり，相続税が課税されます。法人の株価評価に当たっては，貸宅地を純資産価額の計算上，資産に加算します。借地権設定時に権利金のやりとりをしておらず，課税時期に相当の地代を収受している場合の貸宅地の評価は，自用地評価額の 80％相当額となります（相当の地代通達 6）。

相当の地代の額は相続税評価額の過去 3 年平均の 6％で算出します。

相続税評価額の過去 3 年平均		相当の地代の年額
7,000 万円	× 6% =	420 万円

<＜貸宅地評価額の算定方法＞

自用地評価額				貸宅地評価額
8,000 万円	×	80%	=	6,400 万円

⑵　借主個人の課税関係

　借主個人に相続が発生した場合，原則として借地権を相続財産に計上する必要があります。しかし，借地権の設定時に権利金の支払いがなく，相続発生時に相当の地代を支払っている場合は，借地人に帰属する権利はないものと考えられるため借地権の評価額はゼロになります（相当の地代通達３）。

事例 19 権利金の支払いがなく，相当の地代未満の地代を支払っている場合

設定時	設定中	相続時
権利金なし	相当の地代未満	相当の地代未満

> 同族法人が所有している土地を，オーナー経営者個人に賃貸することになりました。借地権の設定に際し権利金のやりとりは行わず，地代として相当の地代を受け取る契約となっています。実際の地代の額は年額300万円で相当の地代未満ですが，課税上弊害はないでしょうか。土地の無償返還の届出書や相当の地代の改訂の届出書は提出していません。

- ・土地の時価 　　　　　　　10,000万円
- ・近傍類地の公示価額等　9,000万円
- ・相続税評価額（自用地評価額）
　　　　　　　　　　　　　　8,000万円
- ・相続税評価額の過去3年平均
　　　　　　　　　　　　　　7,000万円
- ・借地権割合　　　　　　　　　　60%
- ・実際の権利金額　　　　　　　　　0円
- ・実際の地代　　　　　　年額300万円

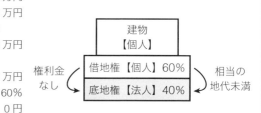

Point

☑ 貸主法人は権利金の支払いがなく，相当の地代未満の地代を支払っている場合，権利金の認定課税が行われます。

☑ 貸主法人の役員である借主個人は，法人が受ける認定課税額と同額が給与所得として課税されます。

> ☑ 通常の地代＜実際の地代＜相当の地代の場合の借地権の相続税評価額は相当の地代と実際の地代との乖離分に対して借地権割合を調整して算出します。

① 設定時の課税関係

(1) 貸主法人の課税関係

　権利金のやりとりがない場合でも，相当の地代を収受していれば権利金の認定課税は行われません。一方，相当の地代を収受していない場合は権利金の認定課税が行われます。これは，権利金のやりとりに代えて相当の地代方式を選択したにも関わらず相当の地代が不足しているならば，その不足に対応する部分は本来受け取るべき権利金に相当するという考えによるものです。したがって，借主に与えた経済的利益に対し，課税の公平の観点から課税が行われることになります。

① ⌈STEP1⌋ 相当の地代の判定

　実際の地代が相当の地代以上か否かの判定を行います。本事例の場合，実際の地代が相当の地代に満たないため，権利金の認定課税が行われます。

上計算式中の土地の更地価額は次の(i)〜(iv)のいずれかから選択することになります。

(i) 10,000 万円　通常の取引価額　＞
(ii) 9,000 万円　近傍類地の公示価額等　＞
(iii) 8,000 万円　相続税評価額　＞
(iv) 7,000 万円　相続税評価額の過去3年平均

　本事例の場合は権利金の認定課税額を抑えるため(iv) 7,000 万円を土地の更地価額に採用します。

② STEP2 権利金の認定課税額の算出

　権利金の認定課税額は次の算式により算出します。認定課税額は，借主個人が会社の役員である場合は役員賞与，法人との間に関係性がない場合には寄附金となります。本事例の場合，2,857 万円が権利金収入として認定され，同額が役員賞与となります。ただし，定期同額給与の要件を満たさないため原則として損金に算入することはできません。

$$\underset{\text{10,000 万円}}{\underset{\text{土地の更地価額}}{}} \times \left(1 - \frac{\underset{\text{300 万円}}{\overset{\text{実際の地代}}{}}}{\underset{\text{420 万円}^{(※)}}{\overset{\text{相当の地代}}{}}}\right) - \underset{\text{0 円}}{\underset{\text{実際の権利金額}}{}} = \underset{\text{2,857 万円}}{\underset{\text{認定課税額}}{}}$$

（※）　相当の地代：7,000 万円×6％＝420 万円

　算式の「相当の地代」は，実際に収受している権利金の額がある場合でも，この金額がないものとして計算します。

（役員賞与）2,857 万円　／　（権利金収入）2,857 万円
└─損金不算入

③ STEP3 土地の帳簿価額の損金算入の判定

　借地権の設定により，設定後の土地の価額が設定前の価額の10分の5以上下落する場合は，土地の一部を譲渡したものとして土地の帳簿価額の一部を損金に算入します（法令138）。本事例の場合，設定後の価額が設定前の10分の5以上下落しないため，損金に算入する額はありません。

```
　認定された権利金　　設定前の土地価額
　　2,857万円　　＜　　10,000万円　×　 5/10 　＝　　5,000万円　∴損金算入なし
```

　権利金の認定課税を避けるためには，設定時から相当の地代を支払い続けるか，設定時に相当の地代の改訂届，または無償返還の届出の提出を検討する必要があります。

(2)　借主個人の課税関係

　借主個人は，上記(1)の算式により計算した借地権2,857万円を法人から贈与されたものとして権利金の認定課税が行われます。本事例の場合，借主個人は貸主法人の役員のため，給与所得として課税されます。貸主法人と借主個人の間に関係性がない場合は一時所得となります。また，実際に支払う地代の額は，借主個人が借地を事業の用に供している場合，所得税法上の必要経費に算入されます。

❷　権利金の認定課税を避けるための実務上の考察────

　事例6❷を参照してください。

3 設定中の課税関係

(1) 貸主法人の課税関係

権利金の受取りがなく，実際に受け取る地代が相当の地代に満たない場合には，**1**の通り「権利金」の認定課税が行われるため，「地代」の認定課税は行われません。したがって，法人貸主は，実際に受け取る地代年額300万円を益金に計上します。

（現金預金）300万円 ／ （地代収入）300万円

(2) 借主個人の課税関係

借主個人側も，権利金の受取りがなく，実際に支払う地代が相当の地代に満たない場合には，**1**の通り「権利金」の認定課税が行われるため，「地代」の認定課税は行われません。よって，借主個人は，借地を事業の用に供している場合は，実際に支払う地代年額300万円が所得税法上の必要経費となります。

（支払地代）300万円 ／ （現金預金）300万円

4 相続時の課税関係

(1) 貸主法人の課税関係

貸主法人の株式を所有している借主個人に相続が発生した場合，貸主法人自体に課税が生じることはありません。ただし，オーナーが所有する法人の株式の株価評価における純資産評価額の計算上，貸宅地の評価額を計上する必要があります。法人の株式は，オーナーの相続財産となります。

貸宅地の相続税評価額は，借地権設定時の権利金の額にかかわらず，実際に収

受している地代の額に基づき算出します。

相続時に「通常の地代＜実際の地代＜相当の地代」となっている場合における貸宅地の評価額は次のステップに従い計算します。

① STEP1 通常の地代の算出

通常の地代の額は，原則として周辺の相場に基づき算出しますが，原則によることが難しい場合は，相続税評価額の過去3年平均等を用いて算出した貸宅地価額の6％を使用します。

相続税評価額の過去3年平均		借地権割合			通常の地代の年額
7,000万円	×	（ 1 － 60％ ）	×	6% ＝	168万円

② STEP2 相当の地代の算出

相当の地代の額は相続税評価額の過去3年平均の6％で算出します。

相続税評価額の過去3年平均			相当の地代の年額
7,000万円	×	6% ＝	420万円

通常の地代	実際の地代	相当の地代
∴ 168万円 ＜	300万円 ＜	420万円

③ STEP3 借地権評価額の算出

地代の支払いが「通常の地代＜実際の地代＜相当の地代」の場合，次の算式により借地権評価額を算出します。下記算式中の｛ ｝内の算式により，相当の地代と実際の地代の乖離分に対して，借地権割合を調整することになります。

$$\text{自用地評価額} \times \text{借地権割合} \times \left\{ 1 - \frac{\text{実際支払地代の年額} - \text{通常の地代の年額}}{\text{相当の地代の年額} - \text{通常の地代の年額}} \right\} = \text{借地権価額}$$

$$8{,}000\text{万円} \times 60\% \left\{ 1 - \frac{300\text{万円} - 168\text{万円}}{420\text{万円} - 168\text{万円}} \right\} = 2{,}285\text{万円}$$

④ STEP4 貸宅地評価額の算出

貸宅地の評価額は自用地評価額から STEP3 で求めた借地権評価額を控除して算出します。ただし，貸宅地の価額が自用地評価額の80%を超える場合には，自用地評価額×80%で評価します。

自用地評価額	借地権価額	貸宅地評価額	自用地評価額
8,000万円 −	2,285万円 =	5,715万円 <	8,000万円 × 80% = 6,400万円

∴ 5,715万円が貸宅地評価額

⑵ 借主個人の課税関係

借主個人に相続が発生した場合，借地権を相続財産に計上します。借地権評価額は⑴の STEP3 により算出した2,285万円になります。

$$\text{自用地評価額} \times \text{借地権割合} \times \left\{ 1 - \frac{\text{実際支払地代の年額} - \text{通常の地代の年額}}{\text{相当の地代の年額} - \text{通常の地代の年額}} \right\} = \text{借地権価額}$$

$$8{,}000\text{万円} \times 60\% \times \left\{ 1 - \frac{300\text{万円} - 168\text{万円}}{420\text{万円} - 168\text{万円}} \right\} = 2{,}285\text{万円}$$

事例 **20** 無償返還の届出書があり相当の地代を支払っている場合

設定時	設定中	相続時
無償返還の届出書あり	相当の地代	賃貸借

　同族法人が所有している土地を，オーナー経営者個人に賃貸しています。借地権の設定に際し，権利金のやりとりは行っていません。借地契約書には，借主が将来土地を無償で返還する旨を定め，貸主借主との連名により土地の無償返還に関する届出書を税務署に提出しています。この場合の税務上の取扱いを教えてください。

- ・土地の時価　　　　　10,000万円
- ・相続税評価額（自用地評価額）
  　　　　　　　　　　　8,000万円
- ・借地権割合　　　　　60%
- ・通常の権利金額　　　6,000万円
- ・実際の権利金額　　　　　0円
- ・相当の地代　　　　年額420万円
- ・実際の地代　　　　年額420万円

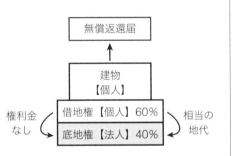

Point

- ☑ 　貸主法人・借主個人共に無償返還の届出書を税務署に提出しているため，権利金の支払いがなくても権利金の認定課税は行われません。また，相当の地代を収受しているため地代の認定課税もありません。

- ☑ 　無償返還の届出書を提出していて，借地契約が賃貸借契約である場合の貸宅地の相続税評価額は自用地評価額の80%，借地権の相続税評価額はゼロになります。

■1 借地権設定時の課税関係 ─────────

(1) 貸主法人の課税関係

　借地権の設定に際し，契約書で将来土地を無償で返還する旨を定めて，貸主借主の連名により土地の無償返還に関する届出書を税務署に提出している場合には，権利金の認定課税は行われません。よって，設定時に課税関係は生じません。

(2) 借主個人の課税関係

　(1)の通り，将来無償で土地を返還することを条件に土地の無償返還に関する届出書を提出しているため，設定時に課税関係は生じません。

■2 借地権設定中の課税関係 ─────────

(1) 貸主法人の課税関係

　無償返還の届出書を提出している場合，「権利金」の認定課税が行われることはありません。ただし，相当の地代の額と実際の地代の額との差額について，「地代」の認定課税が行われます。

　本事例の場合，土地の無償返還に関する届出書を提出していて，相当の地代を収受しているため，「権利金」の認定課税も，「地代」の認定課税もありません。したがって，個人から受け取る相当の地代420万円が法人の益金になります。

(現金預金) 420万円　/　(地代収入) 420万円

⑵ 借主個人の課税関係

　無償返還の届出書を提出している場合，借主個人も，「権利金」の認定課税はありませんが，実際の地代と相当の地代との差額について「地代」の認定課税を受けます。本事例の場合，土地の無償返還に関する届出書を提出していて，相当の地代を支払っているため，「権利金」の認定課税も，「地代」の認定課税もありません。よって，借主個人が借地を事業の用に供している場合には，相当の地代の額420万円が必要経費に算入されるのみとなります。

（支払地代）420万円　　／　　（現金預金）420万円

3　相続時の課税関係

⑴　貸主法人の課税関係

　無償返還の届出書が提出されている場合，借地契約の内容が賃貸借契約であるか使用貸借契約であるかによって相続時の貸宅地の評価方法が異なります。

　賃貸借契約であるときは，借地借家法などの保護規定により貸主自身の土地の使用が制限されるため，自用地評価額の80％を貸宅地の評価額とします。一方，使用貸借契約の場合は，自用地評価額100％を貸宅地の評価額とします。

＜無償返還届出がある場合の貸宅地の評価＞

賃貸借契約	使用貸借契約
自用地評価額×80％	自用地評価額

　本事例の場合，借地契約は賃貸借契約にあたるため，借主個人に相続が発生した場合には，次の金額を法人の株価評価における純資産価額の計算上，資産に加算します。

＜貸宅地評価額の算定方法＞

自用地評価額 8,000万円	×	80％	＝	貸宅地評価額 6,400万円

⑵　借主個人の課税関係

　借主個人に相続が発生した場合には，原則として借地権を相続財産に計上することになります。しかし，無償返還の届出書が提出されている場合は，借地契約が賃貸借契約か使用貸借契約かを問わず，借地権を認識する必要はありません（相当の地代通達5）。

借地権	0%	0万円
貸宅地	80%	6,400万円

事例 21 無償返還の届出書があり使用賃借の場合

設定時	設定中	相続時
無償返還の届出書あり	使用貸借	使用貸借

　同族法人が所有している土地を，オーナー経営者個人に賃貸することになりました。借地権の設定に際し，権利金の収受はしていません。借地契約書には，借主は将来土地を無償で返還する旨を定めており，貸主と借主との連名により土地の無償返還に関する届出書を税務署に提出しています。地代の支払いはありませんが課税上弊害はないでしょうか。

- 土地の時価 　　　　　　　10,000万円
- 近傍類地の公示価額等　　9,000万円
- 相続税評価額（自用地評価額）
　　　　　　　　　　　　　8,000万円
- 相続税評価額の過去3年平均
　　　　　　　　　　　　　7,000万円
- 借地権割合 　　　　　　　　　60%
- 通常の権利金額 　　　　　6,000万円
- 相当の地代 　　　　　年額420万円
- 実際の地代 　　　　　　　　　0円

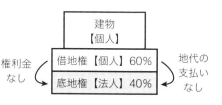

Point

☑ 　貸主法人・借主個人共に無償返還の届出書を税務署に提出しているため，権利金の支払いがなくても権利金の認定課税は行われません。

☑ 　借主個人は相当の地代と実際の地代の差額について地代の認定課税を受けた場合，給与所得として課税されることになります。

☑ 無償返還の届出書を提出していて，借地契約が使用貸借契約である場合の貸宅地の相続税評価額は自用地評価額，借地権の相続税評価額はゼロになります。

1 借地権設定時の課税関係 ——————————————

⑴ 貸主法人の課税関係

契約書において将来土地を無償で返還する定めがあり，貸主借主の連名により土地の無償返還に関する届出書を提出している場合には，設定時に権利金のやりとりがなかったとしても権利金の認定課税の問題は生じません。ただし，土地の無償返還に関する届出がなく，相当の地代のやりとりもない場合は「権利金」の認定課税の問題が生じますので無償返還届の提出もれがないよう注意が必要です。

本事例の場合，無償返還の届出書を提出しているため，設定時に課税関係は生じません。

⑵ 借主個人の課税関係

⑴の通り，将来無償で土地を返還することを条件に土地の無償返還に関する届出書を提出しているため，設定時に課税関係は生じません。

2 借地権設定中の課税関係 ——————————————

⑴ 貸主法人の課税関係

■に記載の通り，権利金を収受せず，かつ，相当の地代未満の地代しか受け取っていなくても，無償返還の届出書を提出していれば，「権利金」の認定課税が行われることはありません。ただし，実際に受け取る地代が相当の地代未満の場合は，「地代」の認定課税が行われることになります。地代の認定課税額は次のように算出します。

① STEP1 相当の地代の判定

以下の4つの要素のうち，最も低い金額に6％を乗じて，相当の地代の額を算出します。

(i) 10,000万円　(ii) 9,000万円　(iii) 8,000万円　(iv) 7,000万円

| 通常の取引価額 | ＞ | 近傍類地の公示価額等 | ＞ | 相続税評価額 | ＞ | 相続税評価額の過去3年平均 |

<相当の地代>
(i)～(iv)のうち
最も低い金額　　　　　　　　　　相当の地代　　実際の地代　∴相当の地代未満のため
7,000万円　×　6％ ＝ 420万円　　420万円　＞　　0円　　　地代の認定課税あり

② STEP2 地代の認定課税額の算出

相当の地代と実際の地代との差額に対し，「地代」の認定課税が行われます。

相当の地代　　　実際の地代　　地代の認定課税額
420万円　－　　0円　＝　　420万円

③ STEP3 課税への影響

地代の認定課税額が地代収入となり，同額が役員給与として損金に算入されます。地代を毎月定額受け取ることを前提とした場合は，役員給与は定期同額給与に該当するため，損益は相殺され課税所得への影響はありません。

（役員給与）420万円　／　（地代収入）420万円
相殺

⑵ 借主個人の課税関係

借主個人は，⑴ STEP1 から STEP3 において認定された地代の額420万円が，所得税法上の給与所得となります。

❸ 相続時の課税関係————————————————————————

⑴ 貸主法人の課税関係

　無償返還の届出書が提出されている場合には，借地契約の内容が賃貸借契約か使用貸借契約かにより相続時の土地の評価方法が異なります。

　賃貸借契約であるときは，借地借家法などの借主保護規定により，貸主の土地の利用が制限されるため，20％の借地権割合を控除した「自用地評価額×80％」が貸宅地の価額となります。

　一方，地代の支払いが固定資産税相当額以下である場合は，使用貸借契約に該当します。使用貸借の場合の貸宅地評価額は自用地評価額100％となります。使用貸借契約については，借地借家法の適用がなく，借地人の権利は保護されておらず，借地人に権利は生じていないと考えられるためです。

＜無償返還届出がある場合の貸宅地の評価＞

賃貸借契約	使用貸借契約
自用地評価額×80％	自用地評価額

　本事例は，地代の支払いがないため，使用貸借契約に該当します。オーナー個人に相続が発生した場合には，法人の株価評価の純資産価額の計算において，自用地評価額の100％である8,000万円を法人が所有している土地の評価額として資産に反映させます。

＜宅地評価額の算出＞

自用地評価額
8,000万円　　×　　100％　　=　　8,000万円

⑵ 借主個人の課税関係

　借主個人に相続が発生した場合には，原則として借地権を相続財産に計上することになります。しかし，無償返還の届出書が提出されている場合，借地契約の内容が賃貸借契約か使用貸借契約かを問わず，借地権を認識する必要はありません（相当の地代通達5）。

事例 22　相当の地代の引き下げ

設定時	設定中	相続時
権利金なし	相当の地代の引き下げ	相当の地代未満

同族法人が所有している土地を，オーナー経営者個人に相当の地代で賃貸していますが，土地の価額の上昇に伴い，オーナーの地代負担が重くなってきました。地代を引き下げると課税上弊害がありますか。相当の地代の改訂届出や無償返還の届出は提出していません。

・土地の時価	10,000 万円
・相続税評価額（自用地評価額）	8,000 万円
・相続税評価額の過去 3 年平均	7,000 万円
・借地権割合	60%
・通常の権利金額	6,000 万円
・実際に支払った権利金	0 円
・相当の地代の額	420 万円
（相続税評価額の過去 3 年平均を採用 7,000 万円 × 6%）	
・引き下げ後の地代	250 万円

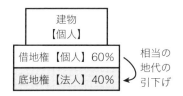

建物【個人】
借地権【個人】60%
底地権【法人】40%
相当の地代の引下げ

Point

☑　貸主法人は相当の地代を引き下げた場合，相当の理由がある場合を除き権利金の認定課税が行われ，貸主法人の役員である借主個人は，法人が受ける認定課税額と同額が給与所得として課税されます。

☑　無償返還の届出書が提出されている場合は，地代を引き下げても権利金の認定課税は行われません。

1 地代引き下げ時の課税関係 ────────────

(1) 貸主法人の課税関係

　借地権の設定に際し，権利金の収受に代えて相当の地代を収受しているときは，権利金の認定課税は行われません。しかし，その後，相当の地代を引き下げたときは，相当の理由があると認められる場合を除き，借地権者の利益について権利金の認定課税が行われます。「相当の理由」は，土地の価額が下落した場合や，新しく権利金を収受した場合等が考えられます。本事例の場合，土地価額の上昇は「相当の理由」には該当しないと考えられますので，権利金の認定課税が行われます。

① STEP1 認定課税額の算出

　次の算式により算出した金額が，借主個人に対する役員賞与となります。借主個人と法人貸主との間に関係性がない場合は寄附金となります。

$$\text{土地の更地価額} \atop 10,000\text{万円} \times \left(1 - \cfrac{\substack{\text{引き下げ後の地代の年額}\\ 250\text{万円}}}{\substack{\text{相当の地代の年額}\\ 420\text{万円}^{(※)}}}\right) - \substack{\text{実際の権利金額}\\ 0\text{円}} = \substack{\text{認定課税額}\\ 4{,}047\text{万}}$$

（※）　相当の地代：7,000万円×6％=420万円

　本事例の場合，4,047万円が権利金収入として益金算入され，同額が役員賞与となります。この役員賞与は，定期同額給与等の要件を満たさないため，原則として損金に算入することはできません。

② [STEP2] 土地の帳簿価額の損金算入の判定

　相当の地代の引き下げにより認定された権利金額が土地価額の10分の5以上である場合は，土地の一部を譲渡したものとして土地の帳簿価額の一部を損金に算入します。本事例の場合，認定後の価額が10分の5以上下落しないため，損金に算入される金額はありません。

実際に収受した権利金　認定された権利金　　　　　　　　設定時の土地価額

　　0万円　　　＋　　4,047万円　　＝　4,047万円　＜　10,000万円　$\times \dfrac{5}{10}$ ＝ 5,000万円

∴損金算入なし

---

③　貸主法人の仕訳

　　　　　　（現金預金）250万円　　／　（地代収入）250万円
　　　　　　（役員賞与）4,047万円　／　（権利金収入）4,047万円
　　　　　　　　　　　　↑
　　　　　　　　　　　　└── 原則損金不算入

---

(2)　借主個人の課税関係

　借主であるオーナー個人は，上記(1)の [STEP1] から [STEP3] の手順に従い，借地権の認定課税額を算出します。本事例の場合，借主個人は貸主法人の役員であるため4,047万円がオーナー個人の給与所得として課税されます。借主個人と法人貸主との間に関係性がない場合は一時所得として課税されることになります。

❷　権利金の認定課税を避けるための実務上の考察────

　本事例のように，相当の地代を引き下げる場合，相当の理由がある場合を除き権利金の認定課税が行われます。これを避けるため，後から土地の無償返還の届出書を提出することは認められるのでしょうか。

　当初締結した借地権の設定に係る契約書において，将来借地人が土地を無償で返還することが定められていて，設定時から現在まで当該契約を基に課税が行わ

れている場合には，当事者間の合意を重視し，土地の無償返還の届出書の提出が遅れたとしても，提出が認められる可能性があるものと考えられます。実務上も，税務調査での指摘後の提出が認められるケースもあるようです。

　しかし，借地権設定当初の契約書がない場合や，契約書において将来土地を無償で返還することが定められていない場合は，土地の無償返還の届出書を後から提出することは認められない可能性が高いものと思われます。また，一部でも権利金の支払いがある場合は，無償返還の届出書を後から提出することはできません。

　なお，土地の無償返還の届出を行った場合，権利金の認定課税は行われませんが，地代の認定課税の問題が生じます。貸主法人側では相当の地代と実際の地代との差額が地代収入として益金に計上されますが，同額が役員給与として損金に算入されるため，損益が相殺され，課税所得への影響はありません。一方，借主個人は認定された地代の額が所得税法上の給与所得として課税されることになります。

❸　地代引き下げ後の課税関係 ────────────

⑴　貸主法人の課税関係

　相当の地代を引き下げた際に❶の通り権利金の認定課税が行われるため，その後受け取る地代は適正な地代と考えられます。本事例の場合，実際に受け取る引き下げ後の地代250万円が益金に算入されます。

（現金預金）250万円　／　（地代収入）250万円

⑵ 借主個人の課税関係

相当の地代を引き下げた際に **1** の通り権利金の認定課税が行われるため，その後支払う地代は適正な地代と考えられます。本事例の場合，借主個人が，借地を事業の用に供している場合，実際に貸主法人に支払う地代の額250万円が所得税法上の必要経費となります。

（支払地代）250万円 ／ （現金預金）250万円

---

4 無償返還の届出が出されている場合

⑴ 貸主法人の課税関係

無償返還の届出が出されている場合は，地代を引き下げても「権利金」の認定課税は行われませんが，相当の地代と実際の地代との差額に対して「地代」の認定課税が行われるものと解されます。

相当の地代		実際の地代		認定課税
420万円	－	250万円	＝	170万円

地代の認定課税額は貸主法人側では地代収入となり，同額が役員給与として損金に算入されます。

地代を毎月定額受け取ることを前提とした場合は，役員給与が定期同額給与に該当するため，損益は相殺され，課税所得への影響はありません。

（役員給与）170万円 ／ （地代収入）170万円

相殺

⑵ 借主個人の課税関係

借主個人は，⑴において認定された地代の額170万円が所得税法上の給与所得となります。

5 相続時の課税関係

(1) 貸主法人の課税関係

　本事例のように土地の価額の上昇に伴って地代の引き下げを行った場合には，実際に支払う地代の額が相当の地代の額に満たないこととなるため，自用地評価額から支払地代率に応じて計算した借地権価額を控除した貸宅地の価額を法人の株式評価における純資産価額に計上します。

　相続時に「通常の地代＜実際の地代＜相当の地代」となっている場合における貸宅地の評価額は次のステップに従い計算します。

① STEP1 通常の地代の算出

　通常の地代の額は，原則として周辺の相場に基づき算出しますが，原則によることが難しい場合は，相続税評価額の過去3年平均等を用いて算出した貸宅地価額の6％を使用します。

相続税評価額の過去3年平均		借地権割合			通常の地代の年額
7,000万円	×	（ 1 － 60％ ）	× 6％	＝	168万円

② STEP2 相当の地代の算出

　相当の地代の額は相続税評価額の過去3年平均の6％で算出します。設定時の権利金額は考慮しません。

相続税評価額の過去3年平均			相当の地代の年額
7,000万円	× 6％	＝	420万円

通常の地代	実際の地代	相当の地代
∴ 168万円	＜ 250万円 ＜	420万円

③ [STEP3] 借地権評価額の算出

　地代の支払いが「通常の地代＜実際の地代＜相当の地代」の場合，次の算式により借地権評価額を算出します。下記算式中の{ }内の算式により，相当の地代と実際の地代の乖離分に対して，借地権割合を調整することになります。

$$
\text{自用地評価額} \times \text{借地権割合} \times \left\{ 1 - \frac{\text{実際支払地代の年額} - \text{通常の地代の年額}}{\text{相当の地代の年額} - \text{通常の地代の年額}} \right\} = \text{借地権価額}
$$

$$
8{,}000\,\text{万円} \times 60\% \times \left\{ 1 - \frac{250\,\text{万円} - 168\,\text{万円}}{420\,\text{万円} - 168\,\text{万円}} \right\} = 3{,}238\,\text{万円}
$$

④ [STEP4] 貸宅地評価額の算出

　貸宅地の評価額は自用地評価額から[STEP3]で求めた借地権評価額を控除して算出します。ただし，貸宅地の価額が自用地評価額の80％を超える場合には，自用地評価額×80％で評価します。

自用地評価額　　　借地権価額　　　貸宅地評価額　　　自用地評価額
8,000万円　－　3,238万円　＝　4,762万円　＜　8,000万円　×80％ ＝ 6,400万円
∴ 4,762万円が貸宅地評価額

(2) 借主個人の課税関係

　借主個人に相続が発生した場合，借地権を相続財産に計上します。借地権の相続税評価額は，地代引き下げ後，実際に支払っている地代の額に基づき算出します。

　相続時に「通常の地代＜実際の地代＜相当の地代」となっている場合における借地権の評価額は(1)の[STEP3]により算出した3,238万円になります。

$$
\text{自用地評価額} \times \text{借地権割合} \times \left\{ 1 - \frac{\text{実際支払地代の年額} - \text{通常の地代の年額}}{\text{相当の地代の年額} - \text{通常の地代の年額}} \right\} = \text{借地権価額}
$$

$$
8{,}000\,\text{万円} \times 60\% \times \left\{ 1 - \frac{250\,\text{万円} - 168\,\text{万円}}{420\,\text{万円} - 168\,\text{万円}} \right\} = 3{,}238\,\text{万円}
$$

相当の地代の支払いがある場合の借地権の価額はゼロですが，相当の地代の引き下げにより借地権価額が上昇することになります。

事例 23　更新料の支払いがあった場合

更新料・更改料の支払い

　同族法人が所有している土地を，オーナー経営者個人に賃貸しています。この度，借地契約期間が終了し，契約を更新するため更新料を支払います。この場合の課税関係について教えてください。

- ・土地の時価　　　　10,000万円
- ・借地権割合　　　　　　　60%
- ・借地権の価額　　　6,000万円
- ・借地権の帳簿価額　3,000万円
- ・更新料　　　　　　　300万円

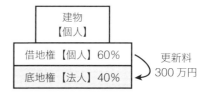

Point

- ☑　貸主法人が受け取る更新料は，益金の額に算入されます。更新料が帳簿価額の50%以上であっても帳簿価額の一部を損金に算入することはできません。
- ☑　借主個人は支払った更新料を借地権の帳簿価額に加算するとともに，借地権の帳簿価額のうち更新料に対応する金額を必要経費に算入します。

■1 貸主法人の課税関係 ───────────────

貸主である法人が受け取る更新料や更改料の額は益金に算入されます。仮に，土地の時価の 50％以上の更新料を収受したとしても，借地権設定時のように，土地の帳簿価額の一部を損金に算入することはできません。

（現金預金）300 万円 ／ （更新料収入）300 万円

■2 借主個人の課税関係 ───────────────

借主である個人は支払う更新料や更改料の額を借地権の帳簿価額に加算すると共に，その借地を事業の用に供している場合は，更新直前の借地権の帳簿価額のうち更新料の金額に対応する部分の金額を不動産所得，事業所得等の必要経費に算入します。

税法上，更新料や更改料の支払いは，土地の部分的取得による対価（資産の取得）ではなく，期間の経過による借地権の減価部分を補うための対価の支払いと考えられているため，借地権の帳簿価額の一部を洗い替える処理を行うことになります。

更新料を支払った借地権を将来譲渡した場合には，土地の譲渡の場合と同様に，譲渡対価を譲渡価額とし，更新料を加算した後の取得価額を取得費に算入します。

(1) [STEP1] 更新料を借地権の帳簿価額に加算

本事例の場合，更新料 300 万円を借地権の帳簿価額に加算します。

⑵ [STEP2] 帳簿価額を必要経費に算入

　借主個人が借地を事業の用に供している場合，更新直前の借地権の帳簿価額のうち次の算式により算出した更新料の金額に対応する金額を必要経費に算入します。本事例の場合，借地権の帳簿価額のうち 150 万円を必要経費に算入することになります。借地を事業の用に供していない場合は [STEP1] のみを行い，[STEP2] の必要経費算入はありません。

$$\underset{3,000\,万円}{更新直前の借地権の帳簿価額} \times \frac{\underset{300\,万円}{更新料の額}}{\underset{6,000\,万円}{更新時の借地権の価額}} = \underset{150\,万円}{必要経費算入額}$$

⑶　個人の仕訳

　更新料 300 万円を借地権の帳簿価額に加算し，150 万円を必要経費に算入します。よって，更新後の借地権の帳簿価額は 3,000 万円＋ 300 万円－ 150 万円＝3,150 万円になります。

| （借 地 権）300 万円 | ／ | （現金預金）300 万円 |
| 事業用の場合：（必要経費）150 万円 | ／ | （借 地 権）150 万円 |

設定時	設定中	返還時
権利金収受方式	通常の地代	立退料あり

借地権の契約期間が満了し借地権を返還してもらうことになりました。借地権の返還の対価として，借主人に立退料を支払うとともに，借地人の建物を買い取ります。この場合の税務上の取扱いはどうなりますか。

- 更地価額　　　　　10,000万円
- 借地権帳簿価額　　5,000万円
  （設定時権利金の額）
- 借地権適正時価　　6,000万円
  （立退料）
- 建物購入金額　　　1,200万円
  （適正時価・帳簿価額で売買）
- 相当の地代　　　　年額600万円
- 実際の地代　　　　年額400万円

借地権契約期間満了

建物
【個人】 → 貸主が買取り

立退料支払い ← 借地権【個人】60%

底地権【法人】40% → 借地権返還

Point

☑ 貸主法人は借地権設定時に損金に算入した土地の帳簿価額と支払い立退料のいずれか大きい金額を土地の帳簿価額に加算します。

☑ 借主個人は借地権と建物の譲渡価額が譲渡所得として課税されます。

1 返還時の課税関係

　相当の地代改訂方式と無償返還届出の方式の場合，借地権設定時に権利金の収受がないことから，借地権返還時においても立退料の支払いは生じず，税務上の課税関係は発生しません。一方，権利金収受方式の場合，借地権返還時には借地権の対価として，立退料の支払いが生じます。借主側は，受け取る立退料を収入に計上し，借主側は，支払う立退料を土地の帳簿価額に加算します。

　貸主側が立退料を土地の帳簿価格に加算する理由は，立退料を支払って借地権を消滅させることで，制限されていた貸主の使用収益権が回復するため，会計・税務上の土地の帳簿価額についても，借地権設定前の状態に戻すことを前提としているためです。

　建物の売買については，購入側は建物の購入代金を建物の「取得価額」とします。ただし，建物を購入した後すぐに取り壊すなど，建物の買取が土地を利用するための買取りである場合は，「土地の取得価額」とされます。売主側は建物を譲渡したものとして課税されます。

　借地権の返還は借地権の「譲渡」として取り扱われますので，受け取った立退料・建物売却収入については，一定の要件を満たす場合，特定資産の買換特例や交換の特例などの適用を受けることができます。

		貸主法人		借主個人	
		支払立退料	建物購入費用	立退料収入	建物売却収入
権利金方式		土地の取得費	建物取得費 ※一定の場合 土地の取得費	譲渡所得	譲渡所得
相当の 地代方式	地代改訂方式	－		－	
	地代固定方式	土地の取得費		譲渡所得	
無償返還方式		－			

202

2 貸主法人の税務処理 ─────────────

　法人が借地権の返還を受けた場合は，借地権設定時に損金算入した土地の帳簿価額の有無によって，税務処理が異なります。

(1) 借地権設定時に損金に算入した帳簿価額がない場合

　借地権返還時の適正時価6,000万円を立退料として借主に支払い，制限されていた土地の利用収益権が回復するため，支払立退料を土地の帳簿価額に加算します。建物については，未償却残高である帳簿価額1,200万円が取得費となります。

```
設定時

        （現金預金）5,000万円　／　（権利金収入）5,000万円
```

```
返還時

        （土　　地）6,000万円　／　（現金預金）6,000万円
        （建　　物）1,200万円　／　（現金預金）1,200万円
```

(2) 借地権設定時に損金に算入した帳簿価額が2,500万円ある場合

　借地権設定時に土地の帳簿価額の一部を損金に算入した場合，損金算入額と支払立退料のいずれか多い金額を，土地の帳簿価額に加算します。

```
設定時

        （現金預金）5,000万円　／　（権利金収入）5,000万円
    （土地譲渡原価）2,500万円　／　（土　　地）2,500万円
```

```
返還時

        （土　　地）6,000万円　／　（現金預金）6,000万円
  ［帳簿価額の損金算入額2,500万円＜立退料6,000万円　いずれか多い額を帳簿価額に加算］
        （建　　物）1,200万円　／　（現金預金）1,200万円
```

なお，設定時の損金算入額が支払った立退料を超えている場合は，その超えている部分は差益として課税されます。

3　借主個人の税務処理

　税務上，借地権の返還は借地権の「譲渡」として扱われます。本事例の場合，借地権と建物の譲渡対価から取得費と譲渡費用を差し引いた金額が譲渡所得として課税されます。

　借主個人が当該借地を事業用として使用していたのであれば，返還（譲渡）した借地権と建物の帳簿価額を減額する処理を行います。

```
事業所得
        （現金預金）6,000 万円　／　（借 地 権）5,000 万円
                          　／　（事業主借）1,000 万円
        （現金預金）1,200 万円　／　（建　　物）1,200 万円
```

```
譲渡所得
            譲渡収入                    取得費
    （6,000 万円 ＋ 1,200 万円）－（5,000 万円 ＋ 1,200 万円）＝ 1,000 万円
```

事例 25　借地権の無償返還があった場合

設定時	設定中	返還時
権利金収受方式	通常の地代	立退料なし

借地権の契約期間が満了し，借地権を地主に返還することになりました。この辺りは，借地権返還時に立退料の取引慣行がある地域に該当しますが，借地権の返還の際，適正な立退料の支払いをしない場合，税務上の取扱いはどうなりますか。

・更地価額　　　　　10,000万円
・借地権帳簿価額　　　5,000万円
　　　　　　（設定時権利金の額）
・借地権適正時価　　　6,000万円
・設定時損金算入額なし
・現在の地代　　　　通常の地代

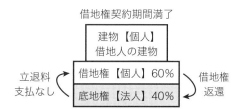

借地権契約期間満了

建物【個人】
借人の建物

立退料
支払なし　　借地権【個人】60%　　借地権
　　　　　　底地権【法人】40%　　返還

Point

☑　貸主法人は無償で借地権を返還されたとしても，借地権の時価を受贈益に計上する必要はありません。

☑　借主個人が受け取る立退料の額が借地権の時価の2分の1未満の場合は借地権を時価で譲渡したものとみなして譲渡所得税が課税されるため注意が必要です。

税務上，借地権の返還は借地権の「譲渡」として扱われます。

相当の地代方式（改訂方式）と無償返還の届出方式の場合，税務上，借地権の価額をゼロと考えるため，借地権返還時において，立退料の支払いがなかったとしても課税関係は生じません。一方，本事例のように，権利金収受方式の場合には，借地権返還時に立退料の取引慣行がある地域にもかかわらず，立退料の全部又は一部の支払いがされない場合は，借地権相当の受取りがあったものとして，取り扱われます。

❶ 貸主法人の課税関係

貸主法人は，無償で借地権の返還を受けたとしても，借地権の時価を受贈益に計上する必要はありません。借地権設定時に損金算入した土地の帳簿価額の一部を借地権返還時の土地の価額に再び加算し益金として計上することになります。よって，貸主法人は土地の帳簿価額を借地権設定前の状態に戻すのみとなります。

本事例の場合，借地権設定時に損金に算入した金額はないため，貸主法人側では課税関係は生じません。

❷ 借主個人の課税関係

借主個人は，立退料を受け取ることなく借地権を返還した場合は借地権の譲渡とみなされます。この場合，借地権を時価で譲渡したとみなして，「適正な立退料」を譲渡収入に計上し，借地権の取得費・譲渡費用を差し引いて譲渡所得を計算します。借地権を無償で返還したにもかかわらず，譲渡所得税が生ずるため注意が必要です。

本事例のように，立退料の額が借地権の時価の 2 分の 1 未満の場合は「みなし譲渡所得」（所法 59 ①）の問題が生じますが，2 分の 1 以上の場合は，原則として時価に引き直して認定課税されることはありません。よって，「貸主法人・借主

個人」の組み合わせにおいては，立退料の額が時価の2分の1以上かにつき十分な検討を要します。

＜借地権の譲渡所得＞

譲渡収入		取得費				
6,000万円	－	5,000万円	－	譲渡費用	＝	1,000万円

3　適正な立退料の額

(1)　権利金収受方式の場合

借地権の設定時に通常の権利金のやりとりがある場合の適正な立退料の額は，原則，通常取引される借地権の価額と諸費用の額の合計によります。

> 適正な立退料 ＝ 土地の更地価額 × 借地権割合

本事例の場合，適正な立退料は土地の更地価額 10,000 万円×借地権割合 60％ ＝ 6,000 万円となります。

上記算式中の「借地権割合」は，国税当局が倍率表や路線価図によって公表している借地権割合を使うことが多いと思われますが，この割合は相続税申告に当たり土地等の評価額を求めるための割合であり，個々の土地の個別的要因は加味されていません。したがって，法人税や所得税の計算における，利益への課税に当たっては不動産鑑定評価等によって算出された借地権の取引価額を用いても問題ないものと考えられます。

(2)　相当の地代方式の場合

①　相当の地代改訂方式又は相当の地代の支払いがある場合

相当の地代改訂方式の場合は，権利金に代えて相当の地代による方法が選択され，その後の地価の上昇とともに実際の地代についても改訂されます。よって，借地権の返還時にも相当の地代を支払っていることになり，借地権の価額はないも

のとされ，適正な立退料の額もゼロとなります。また，改訂方式の選択をしていなくても，借地権返還時に支払っている地代の額が相当の地代相当額の場合は，適正な立退料の額はゼロとなります。

② 相当の地代据置方式又は相当の地代の支払いがない場合

　相当の地代据置方式又は相当の地代未満の場合は，権利金に代えて相当の地代による方法を選択したものの，その後土地の地価が上昇しても地代の改訂がされていません。よって借地権の返還時には，相当の地代に満たない地代のやりとりとなっています。

　この場合，次の区分に応じた金額が適正な立退料の金額とされます。

(i) 通常の地代＜実際の地代＜相当の地代の場合

$$
適正な立退料 \ = \ 返還時の土地の更地価額 \ \times \ \left(1 - \frac{実際の地代年額}{相当の地代年額} \right)
$$

　土地の更地価額 10,000 万円，相当の地代 500 万円，実際の地代 400 万円の場合，以下のように算出します。

$$
\begin{array}{c} 返還時の土地更地価額 \\ 10{,}000 万円 \end{array} \times \left(1 - \frac{\begin{array}{c}実際の地代 \\ 400 万円\end{array}}{\begin{array}{c}相当の地代 \\ 500 万円\end{array}} \right) = \begin{array}{c} 適正な立退料 \\ 2{,}000 万円 \end{array}
$$

(ii) 実際の地代 ≦ 通常の地代 ＜ 相当の地代の場合

$$
通常の借地権の価額 \ = \ 土地の更地価額 \ \times \ 借地権割合
$$

　実際の地代が通常の地代以下の場合，借地人に借地権が移転済みであると考えられるため，返還時の適正な立退料は，通常の借地権の価格となります。

$$
\begin{array}{c} 土地更地価額 \\ 10{,}000 万円 \end{array} \times \begin{array}{c} 借地権割合 \\ 60\% \end{array} = \begin{array}{c} 適正な立退料 \\ 6{,}000 万円 \end{array}
$$

(3)　無償返還届出方式の場合

　将来土地を無償で返還することを条件としていますので，借地権の価値はない
ものとされ適正な立退料はゼロとなります。

事例 26 借地権の譲渡があった場合

譲渡所得税等の計算

借主個人は 30 年前から法人が所有している土地に借地権を設定し，通常の地代を支払っています。この度，第三者に借地権を譲渡しようと考えています。この場合の譲渡所得税の計算について教えてください。

- 土地の時価（借地権設定時）
  　　　　　　　10,000 万円
- 土地の時価（譲渡時）　12,000 万円
- 借地権割合　　　　　　60%
- 設定時に支払った権利金の額（通常の権利金）　　　　　　6,000 万円
- 建物の取得価額　　　　　不明
- 譲渡価額　　　　　　　8,000 万円
  　　（内，建物の価額 800 万円）
- 仲介手数料　　　　　　246 万円

※譲渡所得税の特別控除の特例にはいずれも該当しない。

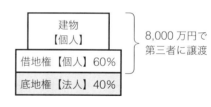

Point

☑　借主個人が借地権と建物を譲渡した場合，譲渡収入から取得費及び譲渡費用を控除して譲渡所得を算出し，分離課税により譲渡所得税を計算することになります。

個人が借地権を譲渡した場合，所得税法上の譲渡所得として他の所得と分離して課税されます。借地権の譲渡に係る譲渡所得税は，以下の算式により算定します。

<譲渡所得税計算式>

譲渡収入 － （取得費 ＋ 譲渡費用）　＝　　譲渡所得

（譲渡所得 － 特別控除額）× 税率　＝　　譲渡所得税

■１　借地権の譲渡所得税等の計算

(1)　STEP1 譲渡収入の計算

全体の譲渡価額から建物の譲渡価額を控除し，土地の譲渡収入額を求めます。

$$\overset{建物の譲渡価額}{8,000\,万円 \ - \ 800\,万円} \ = \ \overset{借地権の譲渡収入}{7,200\,万円}$$

(2)　STEP2 取得費の計算

譲渡所得の計算上控除する取得費は，借地権設定時に支払った権利金の額6,000万円となります。

(3)　STEP3 譲渡費用の計算

譲渡費用は，土地や建物を売るために支払った費用をいい，仲介手数料・測量費・印紙代等の費用が該当します。本事例の場合，支払った仲介手数料を借地権と建物の譲渡対価の比によって按分し借地権に係る仲介手数料と建物に係る仲介手数料とに分けます。

$$\overset{仲介手数料}{246\,万円} \ \times \ \frac{7,200\,万円}{8,000\,万円} \ = \ 221.4\,万円$$

(4) ［STEP4］譲渡所得の計算

　譲渡対価の額から取得費及び譲渡費用を差し引いて譲渡所得の金額を算定します。計算の結果，千円未満の端数が生じた場合には切捨てを行います。

　7,200万円 － （6,000万円＋221.4万円） ＝ 978.6万円

(5) ［STEP5］譲渡所得税等の計算

　譲渡した年の1月1日において，借地権の所有期間が5年を超えるものを長期譲渡所得といい，20.315％の税率が課されます。譲渡した年の1月1日において，所有期間が5年以下のものを短期譲渡所得といい，39.63％の税率が課されます。

　本事例の場合，借地権の所有期間が譲渡をした年の1月1日において5年を超えているため15％の税率を適用して譲渡所得税額を計算します（令和19年分までの所得税については所得税額に対して2.1％の復興特別所得税が課税されるため，合わせて15.315％となります）。住民税は5％の税率を適用して計算します。

　①　譲渡所得税及び復興特別所得税：978.6万円×15.315％＝1,498,700円（百円未満切捨）
　②　住民税：978.6万円×5％＝489,300円
　③　①＋②＝1,988,000円

2　建物の譲渡所得税等の計算 ─────────────

(1) ［STEP1］譲渡収入の計算

　建物の譲渡価額：800万円

(2) ［STEP2］取得費の計算

　建物の取得費が明らかな場合は，当該取得費から建物の経過年数による減価償却費相当額を差し引いた未償却残高を取得費とします。一方，本事例のように，建物の取得費が不明な場合は，「譲渡収入×5％」を取得費とすることが認めら

れています（措法 31 の 4 ）。

800 万円 × 5 ％ ＝ 40 万円（概算取得費）

⑶ ［STEP3］ 譲渡費用の計算

仲介手数料を借地権と建物の譲渡対価の比によって按分し借地権に係る仲介手数料と建物に係る仲介手数料とに分けます。

$$246 \text{ 万円} \times \frac{800 \text{ 万円}}{8,000 \text{ 万円}} = 24.6 \text{ 万円}$$

⑷ ［STEP4］ 譲渡所得の計算

■⑷と同様の算式で計算をします。

800 万円 － （40 万円＋ 24.6 万円） ＝ 735.4 万円

⑸ ［STEP5］

■⑸と同様の算式で計算をします。

① 譲渡所得税及び復興特別所得税：735.4 万円× 15.315 ％＝ 1,126,200 円（百円未満切捨）

② 住民税：735.4 万円× 5 ％＝ 367,700 円

③ ①＋②＝ 1,493,900 円

巻末資料

- 貸主個人 / 借主法人の課税関係表
- 貸主法人 / 借主個人の課税関係表

【貸主個人／借主法人の課税関係まとめ】

課税時点／契約形態			入口課税	
			借地権設定時の課税	
			貸主個人	借主法人
権利金収受方式			【権利金収入】 権利金収入 > 時価 × 1/2 ⇒ 譲渡所得（分離） 権利金収入 ≦ 時価 × 1/2 ⇒ 不動産所得	【支払権利金】 借地権（非償却資産）
相当の地代方式	権利金一部収受	相当の地代	【権利金収入】 権利金収入 > 時価 × 1/2 ⇒ 譲渡所得（分離） 権利金収入 ≦ 時価 × 1/2 ⇒ 不動産所得	【支払権利金】 借地権（非償却資産）
		相当の地代未満	【権利金収入】 権利金収入 > 時価 × 1/2 ⇒ 譲渡所得（分離） 権利金収入 ≦ 時価 × 1/2 ⇒ 不動産所得	【支払権利金】 借地権（非償却資産） 【権利金の認定課税】 ① ⒞で計算した金額を益金算入 ② ①の相手勘定を借地権(非償却資産)計上
	権利金収受なし	相当の地代	課税関係なし	課税関係なし
		相当の地代未満	課税関係なし	【権利金の認定課税】 ① ⒝で計算した金額を益金算入 ② ①の相手勘定を借地権（非償却資産）計上
無償返還の届出方式		賃貸借	課税関係なし	課税関係なし
		使用貸借	課税関係なし	課税関係なし

216

課税時点\契約形態			中途課税	
			借地権設定中の課税	
			貸主個人	借主法人
権利金収受方式			【通常の地代収入】 不動産所得	【通常の地代支出】 損金算入
相当の地代方式	権利金一部収受	相当の地代	【相当の地代収入】 不動産所得	【相当の地代支出】 損金算入
		相当の地代未満	【実際の地代収入】 不動産所得	【実際の地代支出】 損金算入
	権利金収受なし	相当の地代	【相当の地代収入】 不動産所得	【相当の地代支出】 損金算入
		相当の地代未満	【実際の地代収入】 不動産所得	【実際の地代支出】 損金算入
無償返還の届出方式		賃貸借	【実際の地代収入】 不動産所得	【実際の地代支出】 損金算入
		使用貸借	課税関係なし	課税関係なし

課税時点 契約形態			出口課税	
			相続時の課税	
			貸主個人	借主法人
権利金収受方式			【貸宅地評価】 自用地評価額 ×（1 － 借地権割合）	【同族会社借地権評価】 自用地評価額 × 借地権割合
相当の地代方式	権利金一部収受	相当の地代	【貸宅地評価】 自用地評価額 －(A)による借地権価額^(※1)	【同族会社借地権評価】 (A)による借地権価額^(※2)
		相当の地代未満	【貸宅地評価】 自用地評価額 －(A)による借地権価額^(※1)	【同族会社借地権評価】 (A)による借地権価額^(※2)
	権利金収受なし	相当の地代	【貸宅地評価】 自用地評価額 × 80%	【同族会社借地権評価】 自用地評価額 × 20%
		相当の地代未満	【貸宅地評価】 自用地評価額 －(A)による借地権価額^(※1)	【同族会社借地権評価】 (A)による借地権価額^(※2)
無償返還の届出方式		賃貸借	【貸宅地評価】 自用地評価額 × 80%	【同族会社借地権評価】 自用地評価額 × 20%
		使用貸借	【貸宅地評価】 自用地評価額	【同族会社借地権評価】 ゼロ

課税時点	出口課税	
	返還時の課税	
契約形態	貸主個人	借主法人
権利金収受方式	【立退料支出】 土地取得価額（非償却資産） 【適正な立退料支出の認定課税】 適正な立退料支出－実際の立退料支出を所得（給与所得・配当所得・一時所得）課税	【立退料収入】 益金算入 【適正な立退料収入の認定課税】 ① 適正な立退料収入と実際の立退料収入との差額を益金算入 ② ①の相手勘定を給与・配当・寄附金処理
相当の地代方式　権利金一部収受　相当の地代	【立退料支出】 土地取得価額（非償却資産） 【適正な立退料支出の認定課税】 適正な立退料支出－実際の立退料支出を所得（給与所得・配当所得・一時所得）課税	【立退料収入】 益金算入 【適正な立退料収入の認定課税】 ① 適正な立退料収入と実際の立退料収入との差額を益金算入 ② ①の相手勘定を給与・配当・寄附金処理
相当の地代方式　権利金一部収受　相当の地代未満	【立退料支出】 土地取得価額（非償却資産） 【適正な立退料支出の認定課税】 適正な立退料支出－実際の立退料支出を所得（給与所得・配当所得・一時所得）課税	【立退料収入】 益金算入 【適正な立退料収入の認定課税】 ① 適正な立退料収入と実際の立退料収入との差額を益金算入 ② ①の相手勘定を給与・配当・寄附金処理
相当の地代方式　権利金収受なし　相当の地代	課税関係なし	課税関係なし
相当の地代方式　権利金収受なし　相当の地代未満	【立退料支出】 土地取得価額（非償却資産） 【適正な立退料支出の認定課税】 適正な立退料支出－実際の立退料支出を所得（給与所得・配当所得・一時所得）課税	【立退料収入】 益金算入 【適正な立退料収入の認定課税】 ① 適正な立退料収入と実際の立退料収入との差額を益金算入 ② ①の相手勘定を給与・配当・寄附金処理
無償返還の届出方式　賃貸借	課税関係なし	課税関係なし
無償返還の届出方式　使用貸借	課税関係なし	課税関係なし

【貸主法人／借主個人の課税関係まとめ】

課税時点 契約形態			入口課税	
			借地権設定時の課税	
			貸主法人	借主個人
権利金収受方式			【権利金収入】 益金算入 【簿価の一部損金算入】 権利金収入 ≧ 時価 × 50% ⇒ 簿価の一部を損金算入	【支払権利金】 借地権（非償却資産）
相当の地代方式	権利金一部収受	相当の地代	【権利金収入】 益金算入 【簿価の一部損金算入】 権利金収入 ≧ 時価 × 50% ⇒ 簿価の一部を損金算入	【支払権利金】 借地権（非償却資産）
		相当の地代未満	【権利金収入】 益金算入 【権利金収入の認定課税】 ① ⒞で計算した金額が益金算入 ② ①の相手勘定を給与・配当・寄附金処理 【簿価の一部損金算入】 権利金収入 ≧ 時価 × 50% ⇒ 簿価の一部を損金算入	【支払権利金】 借地権（非償却資産） 【権利金支出の認定課税】 ⒞で計算した金額が所得（給与所得・配当所得・一時所得）課税
	権利金収受なし	相当の地代	課税関係なし	課税関係なし
		相当の地代未満	① ⒝で計算した金額が益金算入 ② ①の相手勘定を給与・配当・寄附金処理	【借地権の認定課税】 ⒝で計算した金額が所得（給与所得・配当所得・一時所得）課税
無償返還の届出方式		賃貸借	課税関係なし	課税関係なし
		使用貸借	課税関係なし	課税関係なし

課税時点	中途課税	
	借地権設定中の課税	
契約形態	貸主法人	借主個人
権利金収受方式	【通常の地代収入】 　益金算入 【地代収入の認定課税】 ① 通常の地代が益金算入 ② 通常の地代と実際の地代の差額を給与・配当・寄附金処理	【通常の地代支出】 　家事費又は必要経費 【地代支出の認定課税】 ① 実際の地代支出が家事費又は必要経費 ② 通常の地代と実際の地代の差額を所得（給与所得・配当所得・雑所得）課税
相当の地代方式　権利金一部収受　相当の地代	【相当の地代収入】 　益金算入	【相当の地代支出】 　家事費又は必要経費
相当の地代方式　権利金一部収受　相当の地代未満	【実際の地代収入】 　益金算入	【実際の地代支出】 　家事費又は必要経費
相当の地代方式　権利金収受なし　相当の地代	【相当の地代収入】 　益金算入	【相当の地代支出】 　家事費又は必要経費
相当の地代方式　権利金収受なし　相当の地代未満	【実際の地代収入】 　益金算入	【実際の地代支出】 　家事費又は必要経費
無償返還の届出方式　賃貸借	【実際の地代収入】 　益金算入 【地代収入の認定課税】 ① 相当の地代と実際の地代の差額を益金算入 ② ①の相手勘定を給与・配当・寄附金処理	【実際の地代支出】 　家事費又は必要経費 【地代支出の認定課税】 相当の地代と実際の地代の差額を所得（給与所得・配当所得・雑所得）課税
無償返還の届出方式　使用貸借	【実際の地代収入】 　益金算入 【地代収入の認定課税】 ① 相当の地代と実際の地代の差額を益金算入 ② ①の相手勘定を給与・配当・寄附金処理	【実際の地代支出】 　家事費又は必要経費 【地代支出の認定課税】 相当の地代と実際の地代の差額を所得（給与所得・配当所得・雑所得）課税

221

課税時点 契約形態			出口課税	
			相続時の課税	
			貸主法人	借主個人
権利金収受方式			【同族会社貸宅地評価】 自用地評価額 ×（1 － 借地権割合）	【借地権評価】 自用地評価額 × 借地権割合
相当の地代方式	権利金一部収受	相当の地代	【同族会社貸宅地評価】 自用地評価額 －⒜による借地権価額^{（※1）}	【借地権評価】 ⒜による借地権価額
		相当の地代未満	【同族会社貸宅地評価】 自用地評価額 －⒜による借地権価額^{（※1）}	【借地権評価】 ⒜による借地権価額
	権利金収受なし	相当の地代	【同族会社貸宅地評価】 自用地評価額 × 80％	【借地権評価】 ゼロ
		相当の地代未満	【同族会社貸宅地評価】 自用地評価額 －⒜による借地権価額^{（※1）}	【借地権評価】 ⒜による借地権価額
無償返還の届出方式		賃貸借	【同族会社貸宅地評価】 自用地評価額 × 80％	【借地権評価】 ゼロ
		使用貸借	【同族会社貸宅地評価】 自用地評価額	【借地権評価】 ゼロ

課税時点 / 契約形態			出口課税	
			返還時の課税	
			貸主法人	借主個人
権利金収受方式			【立退料支出】 次のいずれか多い金額を土地の帳簿価額に加算（非償却資産） ① 立退料支出 ② 借地権設定時に土地の帳簿価額のうち損金算入した金額（①との差額を益金算入）	【立退料収入】 譲渡所得（分離） 【立退料収入のみなし譲渡】 実際の立退料収入＜適正な立退料収入×1/2 ⇒譲渡所得（みなし譲渡）
相当の地代方式	権利金一部収受	相当の地代	【立退料支出】 次のいずれか多い金額を土地の帳簿価額に加算（非償却資産） ① 立退料支出 ② 借地権設定時に土地の帳簿価額のうち損金算入した金額（①との差額を益金算入）	【立退料収入】 譲渡所得（分離） 【立退料収入のみなし譲渡】 実際の立退料収入＜適正な立退料収入×1/2 ⇒譲渡所得（みなし譲渡）
		相当の地代未満	【立退料支出】 次のいずれか多い金額を土地の帳簿価額に加算（非償却資産） ① 立退料支出 ② 借地権設定時に土地の帳簿価額のうち損金算入した金額（①との差額を益金算入）	【立退料収入】 譲渡所得（分離） 【立退料収入のみなし譲渡】 実際の立退料収入＜適正な立退料収入×1/2 ⇒譲渡所得（みなし譲渡）
	権利金収受なし	相当の地代	課税関係なし	課税関係なし
		相当の地代未満	【立退料支出】 土地の取得価額（非償却資産）	【立退料収入】 譲渡所得（分離） 【立退料収入のみなし譲渡】 実際の立退料収入＜適正な立退料収入×1/2 ⇒譲渡所得（みなし譲渡）
無償返還の届出方式		賃貸借	課税関係なし	課税関係なし
		使用貸借	課税関係なし	課税関係なし

算式(A)…　自用地評価額 × 借地権割合 × $\left\{ 1 - \dfrac{\text{実際の地代の年額} - \text{通常の地代の年額}}{\text{相当の地代の年額} - \text{通常の地代の年額}} \right\}$ ＝ 借地権価額

(※)　相当の地代の年額は，実際に支払っている権利金等があっても，その金額がなかったものとして計算した金額

(※)　通常の地代の年額は過去3年間の「自用地評価額 ×（1－借地権割合）× 6％」で計算した金額

算式(B)…　土地の更地価額 × $\left(1 - \dfrac{\text{実際に収受している地代の年額}}{\text{相当の地代の年額}} \right)$

(※)　相当の地代の年額は，実際に収受している権利金の額がある場合でも，この金額がないものとして計算した金額

(※)　算出した金額が通常収受すべき権利金の額を超える場合には当該権利金の額

算式(C)…　算式(B)の金額－実際に収受している権利金の額

(※1)自用地評価額 × 80％ 超の場合には自用地評価額 × 80％

(※2)同族会社で自用地評価額 × 20％未満の場合には，自用地評価額 × 20％

【編者紹介】

税理士法人髙野総合会計事務所

東京都中央区日本橋２－１－３アーバンネット日本橋二丁目ビル３F

税理士法人髙野総合会計事務所総括代表　公認会計士・税理士　髙野角司

設立（創業）1975年

従業員数約90名（公認会計士，税理士，中小企業診断士，コンサルタントを含む）

公認会計士，税理士を主体とした独立系の会計事務所グループであり，中核となる税理士法人髙野総合会計事務所のほか，髙野総合コンサルティング株式会社，監査法人TSKなどを擁する。法人及び個人の税務会計に関する業務全般のほか，企業再生や再編，M&A，財務・事業デューデリジェンス，価値評価，事業承継等のコンサルティング業務を幅広くサービス提供している。

<主な編著書>

『よくわかる事業承継税制特例措置Q&A』（経済法令研究会），『会社更生最前線』，『経営に生かす有利な税務選択』，『倒産手続きにおける会社分割・営業譲渡の実務』（以上，ぎょうせい），『Q&A　民事再生法の実務』，『時価・価額をめぐる税務判断の手引き/加除式』（新日本法規出版），『ケース・スタディによる税理士のための税賠事故例とその予防策』（共著），『繰越欠損金と含み損の引継ぎを巡る法人税実務Q&A』，『会社解散・清算の税務と会計』，『実践/グループ企業の法人税務Q&A』，『新しい減価償却制度の重要ポイントQ&A』，『態様別にみる新しい事業承継対策と税務』（以上，税務研究会出版局），『新公益法人の移行・再編・転換・設立ハンドブック』，『新公益法人移行申請書完全実務マニュアル』（以上，日本法令），『有利な税務選択Q&A』，『医療機関再生の法務・税務』，『経

営手法からみた事業承継対策 Q&A』,『ここが知りたい会計参与の実務 Q&A』,『決算に役立つ　税務選択の判断ポイント』,『判例分析 会社・株主間紛争の非上場株式評価実務』(以上，中央経済社),『信託の実務 Q&A』,『中小企業のためのこれからの会社法』(以上，青林書院),『こんなに簡単になった企業再編』(かんき出版)，他多数。

著者との契約により検印省略

| 令和3年3月15日　初版発行 | 税理士のための |
| 令和4年2月15日　初版2刷発行 | **法人⇄個人間の借地権課税**
はじめの一歩 |

著　　者	高　中　恵　美
	川　﨑　めぐみ
	井　出　尚　哉
発　行　者	大　坪　克　行
印　刷　所	光栄印刷株式会社
製　本　所	牧製本印刷株式会社

発 行 所 東京都新宿区
下落合2丁目5番13号　株式会社 **税 務 経 理 協 会**

郵便番号　161-0033　　振替 00190-2-187408　　電話 (03) 3953-3301 (編集部)
　　　　　　　　　　　　FAX (03) 3565-3391　　　　　 (03) 3953-3325 (営業部)
URL http://www.zeikei.co.jp/
乱丁・落丁の場合はお取替えいたします。

Ⓒ 高中恵美　川﨑めぐみ　井出尚哉 2021　　Printed in Japan

ISBN978-4-419-06725-0　C3034